「考えるって楽しい!」の
体験がいちばん

論理的思考力がぐ〜んと伸びる

こども「思考実験」

北村良子
Ryoko Kitamura

コスモ21

カバーデザイン◆中村　聡
本文イラスト◆宮下やす子

はじめに

考えるのは苦手だと感じている人は、考えることはつらいことで、忍耐が必要だから好きになれないと思っているかもしれません。それでは、いくら考える力を伸ばそうとしてもうまくいきません。

たとえば将棋の名人は、こどものころから打つ手を考えることが楽しくてしかたなかったのだと思います。だから、戦略を考える力がどんどん伸びていったのでしょう。

将棋に限らず、考える力を伸ばす最大のコツは、考える楽しさを体験することなのです。大人になってからでもいいのですが、できればこども時代に、この体験をしたほうがもっと効果的に考える力は伸びていきます。

そのために、ぜひ体験してほしいのが「思考実験」です。ご存知ですか？

思考というのは頭の中で行なうものですね。ですから、思考実験とは頭の中で実験を行なうことです。

でも、思考とか実験という言葉を見ると、何か難しいことをするように思われますか。これがやってみると、本当に楽しいのです。

理科の実験のような特別な道具は必要ありません。必要なのは、「考える」ことです。提供される題材は考えることの楽しさを体験するのに最適なものばかりです。想像が膨らみ、論理的に考えるトレーニングにぴったりです。気づいたら、論理的思考力が身についています。

今から2200年以上前の紀元前3世紀、ギリシャで生まれた天文学者のアリスタルコスは、太陽と月の関係から、宇宙の中心は地球ではなく太陽なのだと考えました。このころの人々は、地球の周りを宇宙の星々が回っているという天動説を信じ、それが当たり前の常識でした。アリスタルコスはそんな常識を疑い、こんな思考実験をしたのです。

「もし、地球が太陽の周りを回っているとしたら……?」

私たちが知っている地動説を最初に唱えたのは、16世紀の天文学者コペルニクスですが、それよりもはるか昔にそれを考えたのです。

何よりアリスタルコスという人は、頭の中で自由に想像し、考えることが面白くて仕方なかったのだと思います。

もちろん、今の時代のような観測衛星はありませんし、惑星を観測できるような望遠鏡などもありませんでした。ですから、できることは想像力と論理力を駆使すること、つまり考える力を最大限に利用して頭の中で実験することでした。これが思考実験です。

思考実験は、実際にはできないこと、たとえば費用がかかりすぎたり、技術的に難しかったり、人道的に問題があったり、時間がかかりすぎたりする実験を、頭の中で自由に行なうものです。


この本には14の思考実験が載っています。正解がない問題も多いです。「なんだ、正解がないものを考えても仕方がないじゃないか」と思う方もいるでしょう。しかし、私たちの人生で考えなければならないことのほとんどには正解がありません。

たとえば、将来のことを考えてみてください。どの職業に就くのが正解でしょうか？　大学に進むとしたらどの学部が正解でしょうか？　答えなんて誰も教えてくれませんし、確かな正解があるわけでもありません。

レストランに行ったとき、何を頼むのが正解か？　という問題に答えがあるでしょうか。

映画を観に行く前に、この映画は自分にとっていい映画かどうかは多分観てみなければわかりません。

世の中には正解がないもののほうが多いのです。そのなかで、私たちは常に考え、より良い選択肢を選び、決断しなければいけません。

想像力と論理力を使って考えることは、私たちの人生においてとても大切です。できることなら、こども時代に身につけたいものです。

今は情報が溢《あふ》れかえっている時代です。たとえわからないことがあっても、インターネットで調べればすぐに答えが見つかります。そのために、自分で想像し、論理的に考え、自分なりの答えを見つける機会が圧倒的に少なくなってきています。

ところが、大人になって社会に出たとき、いちばん必要とされるのは〝自分の考え〟をもつことです。それには、考える力を身につけておくことがとても大切なのです。

では、どうしたら考える力、論理的思考力は育つのでしょうか。必要性はわかっても、具体的に何をしたらいいのでしょうか。

そのためにぜひ試してほしいのが「思考実験」です。考えるというと、なかなか解けない難しい問題に取り組んでいるイメージがあるかもしれませんが、それでは、考える力は育ちません。

脳は楽しいことに熱中します。熱中しているうちに脳は新たな力を開花させていきます。考えることも同じです。脳は考えることが楽しいと感じることに集中しますし、もっともっと考えて楽しもうとします。気づいたら、脳は考える力を開花させています。

この考える楽しさを体験できるのが、本書にある思考実験です。一通り終わったとき、あなたの脳は、考えることは面白そう、本当に楽しいと感じていることでしょう。これが、論理的思考力を育てる最大のエネルギー源になるのです。

本書では、１人の先生と４人の生徒が14の思考実験に取り組みます。読者のみなさんは、彼らに加わったつもりで思考実験を行なってみてください。読みながら、必ず「自分ならどう考えるか？」と思考の実験をすることを忘れないでください。その過程で考える力が身についていきます。

いよいよ思考実験の幕を開けます。
ある日の放課後、学校の教室で仲良しの4人が会話をしています。読者のみなさんも、彼らと一緒に「思考実験の旅」を楽しんでみてください。

2018年2月

北村良子

論理的思考力がぐ～んと伸びる　こども「思考実験」……もくじ

はじめに …… 3

思考実験　脳にもっともいい14題

思考実験①
どちらの選択がお得？
『ニューカムのパラドックス』 …… 22
ミチルは90％とか95％、未来を予測できる特別な生き物である。AとBの2つのハコを使ってミチルとゲームをする。挑戦者はミチルの予測に対して、どこまで有利な選択をすることができるだろうか？

思考実験②

矛盾がある？　ない？

『張り紙禁止の紙』 46

張り紙が禁止されている公共の壁がある。そのことを知らせるために、この壁に「張り紙禁止」と書かれた張り紙をすることは、〝張り紙禁止〟という決まりを破っていることになるだろうか？

思考実験③

追いつく？　追いつかない？

『アキレスとカメ』 58

俊足のアキレスと、鈍足のカメが競争をすることに。ただそのままではアキレスが勝つに決まっているため、カメはハンデをもらってアキレスより前にスタート。ところが、1人の老人が、俊足のアキレスはいつまでもカメに追いつけないという。どこに矛盾があるか？

思考実験④

言葉の意味だけで判断していい？

『抜き打ちテスト』

『抜き打ちテスト』……71

国語の先生が「来週、誰も今日だと思わない日に抜き打ちテストを行なう」と予告する。それに対してケンタは、月曜日から金曜日までどの日も本当はテストがないと推理してしまうが、テストは行なわれる。ケンタの推理の間違いはどこにある？

思考実験⑤

どちらもまったく同じ。あなたはどっちを選ぶ？

『ビュリダンのロバ』

『ビュリダンのロバ』……84

ロバの目の前に2つの道がある。ロバからはまったく同じ距離に、まったく同じ干し草が同じ量だけ置いてある。ロバにとって2つの干し草はまったく同じで、どちらを選んでもいいが、どちらも選べずにロバが餓死したのはなぜ？

思考実験⑥
一瞬？　それともとてつもなく長い？
『5億年ボタン』
……………………………………… 98

「5億年ボタン」は奇妙なボタンである。これを押すと100万円が手に入るが、別の空間に体が転送され、そこで5億年を過ごさなくてはならない。ただし、その間少しも年を取らないし、終了すればボタンを押した直後の状態に戻り、記憶が消され一瞬で終わったと感じる。さて、このボタンを押すのは得か損か？

思考実験⑦
過去を変えたら今はどうなる？
『タイムマシン』
……………………………………… 109

2989年、ついにタイムマシンが完成。15歳の少年タツキの母親は12年前、タツキが3歳のときに事故で他界。母親のお腹には妹になるはずの胎児がいた。タツキはタイムマシンで3歳のときに戻り、事故を防ぐことに成功。さて、妹はどうなった？　この話にはどんな矛盾があるか？

思考実験⑧
確率は同じ？　違う？
『3つの紙コップ』

124

伏せた3つの紙コップA、B、Cのどれか1つに金色のボールが入っている。直感的にはどれを選んでも可能性は同じで、実際の確率も3分の1ずつ。サクラはAを選び、仕掛け人がBのコップを開けると入っていない。サクラはもう一度AかCを選び直せる。どちらにボールが入っている可能性が高いか、直感と実際の確率が異なるのはなぜ？

思考実験⑨
モノが無限に増え続けたら……？
『バイバイン』

152

「バイバイン」はドラえもんのひみつ道具。のび太が栗まんじゅうにこの液体を垂らすと、5分毎に2個、4個、8個と倍々に増えていく。それより早く食べきらないと増え続ける。結局、食べきれず宇宙に飛ばしてしまう。宇宙に飛ばされた栗まんじゅうはどうなるか、「バイバイン」を安全に使う方法は？

思考実験⑩

助ける義務はある？

『バイオリニストと特効薬』

特殊な血液をもつ世界一のバイオリニストの命を助けられるのはまったく同じ血液をもつ自分だけである。気づくと、バイオリニストと自分のベッドが並び、2人はチューブで繋がっている。特効薬開発までの9カ月間だけチューブで繋がっていれば助けられるが、自分の自由を犠牲にしてまでする義務はあるか？

164

思考実験⑪

頭で知っていることと見て知ることとは違う？

『マリーのゴーグル』

マリーは目の治療のために白黒しか見えないゴーグルを付けて育つ。色について人一倍興味をもち、色についてあらゆる知識はもった。その後、目が改善しゴーグルをはずして実際に色を見るが、色について新たに何を知っただろうか？

179

思考実験⑫

大勢の人を救えるなら1人を犠牲にしてもいい？

『臓器くじ』

ある国で「臓器くじ法」が施行された。くじで選ばれた1人の臓器を使って、臓器提供を待つ5人を救うという法律がある。これによって、より多くの人が幸せになると考えられている。たいていの人はおかしいと感じるだろうが、ではいったいどこがおかしいのだろうか？

192

思考実験⑬

本物はどれ？

『テセウスの船』

伝説のテセウスを乗せた船は人々の誇りだが、老朽化してきたため、古くなった木材を順次取りはずし、新しい木材に交換していった。その作業を続けているうちに、すべての木材が交換された。そこで取りはずした古い木材でもう1つの船をつくると、テセウスの船が2つに。どちらが本物のテセウスの船といえるだろうか？

202

思考実験⑭

同じだけど違う？　違うけど同じ？

『スワンプマン』

クリフは沼で落雷に遭い死ぬが、別の雷が落ちると、不思議なことに死んだクリフの体に化学反応が起こり、細胞も記憶もクリフとまったく同じ「沼クリフ」が出現。「沼クリフ」は落雷で死んだ瞬間の記憶以外はクリフとまったく変わらない。家族とも以前と同じく過ごしている。２人のクリフはまったく同一の人物といえるだろうか？

論理的思考力が身につく

思考実験

脳にもっともいい14題

ある日の放課後、仲良しの４人が教室で会話をしています。

「よくさ、ロジカルシンキング（論理的思考）っていうけど、なんだかあれ、難しいよね？」

「ロジカルシンキング？」

「筋道をたてて考えるってことだよね。」

「だから、それがよくわからないの。スジミチって言われてもね。」

「うーん、確かに僕もそんなによくわかってないかもしれないな。みんなで勉強してみる？」

「はぁ～……。難しいお勉強っていやだなぁ。」

「コツコツ頑張れば大丈夫よ。私も一緒に頑張るから。」

「はぁ〜……。なんかこう、楽しい勉強方法ないかなぁ？」

ガラガラガラ……

教室の扉が開きました。

「稲垣先生！」

「さっきの会話、聞こえてしまってね。ちょっと変わった方法で勉強してみるかい？」

「変わった方法？」

「そう。」

「どんな方法ですか？」

「思考実験って知っているかい？」

「し……知らないです！」

4人とも首を横に振ります。

「理科の実験みたいな感じですか？」

「思考実験はその名の通り、頭の中で実験するんだ。理科の実験と違って特別な道具も必要ないし、実験室も必要ない。いつでもどこでも頭の中で考えるだけでできる実験なんだ。」

「理科の実験は楽しいけれど、道具も使えないのか～」

「難しそうですけれど……」

「いや、そんなことないよ。ちょっとやってみようか。」

4人「はいっ!」

思考実験①
どちらの選択がお得？
『ニューカムのパラドックス』

「ニューカムのパラドックスという難題があるんだ。」

先生は黒板に2つのハコを描きながら言いました。

「Aのハコを取ったほうがいいのか、それとも両方取ったほうがいいのか、ということを考えるんだよ。」

「パラドックス？」

「しかも難題……」

「でも、2択よね……？　そんなに難しくないかも。」

生徒たちは黒板に描かれた2つのハコを見ながら戸惑っています。

「パラドックスっていうのは、逆説という意味で、『正しそうなんだけど実は間違っている説』とか、反対に『間違っていそうなんだけど正しい説』というふうに使われることが多いんだ。」

「30代に見えるのに52歳だった！　みたいな？」

「……まあ、とにかくやってみようか。」

4人「はいっ！」

未来が非常に高い確率で予想できる「ミチル」という奇妙な生き物がいます。その生き物の予知能力は本物で、未来予測の精度は90％とも95％ともいわれています。

AとBという2つのハコがあります。あなたはそのうち1つを選ぶか、2つとも取ることもできます。つまり、Aを取る、Bを取る、AとBを取る、のいずれかを行なうことができます。ただし、今回の設定の場合、「Bを取る」という選択肢には利点がありませんので、「Bを取る」を選ぶことは考えないことにしましょう。

あなたはAのハコを取りますか？　両方のハコを取りますか？　というゲームです。

これから、その内容を説明します。

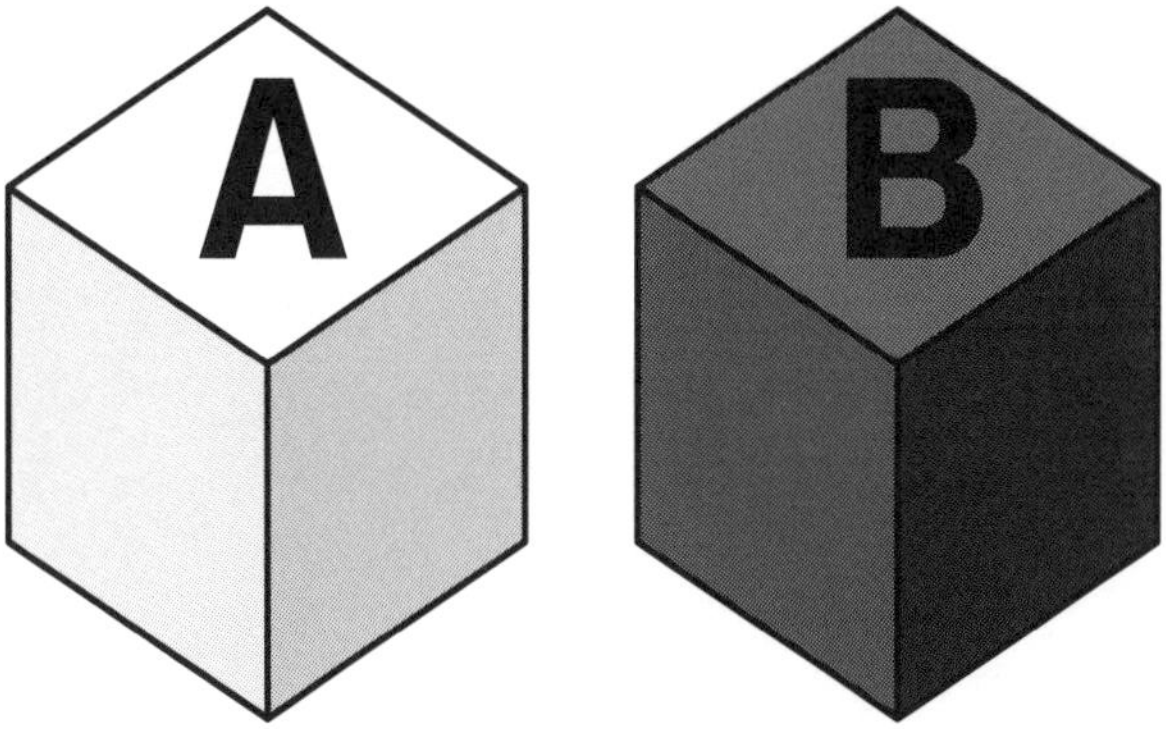

まず、挑戦者であるあなたがドアの閉まった部屋の前に立ちます。この時点であなたは、2つのハコのことや、ミチルのことなど、この実験に関するあらゆる説明を受けています。

あなたがドアの前に立ったとき、部屋の中にいるミチルは、ドアの向こうにいるあなたが、部屋に入ったあとでどう動くかを予想します。それは次の2つです。

タイプⅠ：コノ人物ハ、Aノはこダケヲ取ル

タイプⅡ：コノ人物ハ、2ツトモ取ル

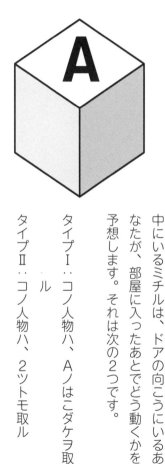

ミチルが「挑戦者はタイプⅠ」と予想した場合、ゲームの仕掛け人は、Aのハコに1億円、Bのハコに10万円を入れます。

一方、ミチルが「挑戦者はタイプⅡ」と予想した場合、ゲームの仕掛け人は、Aのハコに何も入れず、Bのハコに10万円を入れます。

つまり、「両方とも取る」とミチルに予想されると、Aのハコは空っぽになる、ということです。

仕掛け人は準備をした後、あなたを部屋に招き入れます。挑戦者はAのハコだけを取る、または両方のハコを取る、のいずれかの行動をとることができます。

さて、ここであなたの出番です。部屋には事前の説明通り、2つのハコが用意されています。仕掛け人はあなたが部屋に入ってからはハコに手を触れることはありません。あなたは今、ドアを開け、部屋に入りました。

あなたが最大の金額を手にするためには、Aのハコだけを取ればいいでしょうか、それとも両方のハコを取ればいいでしょうか。

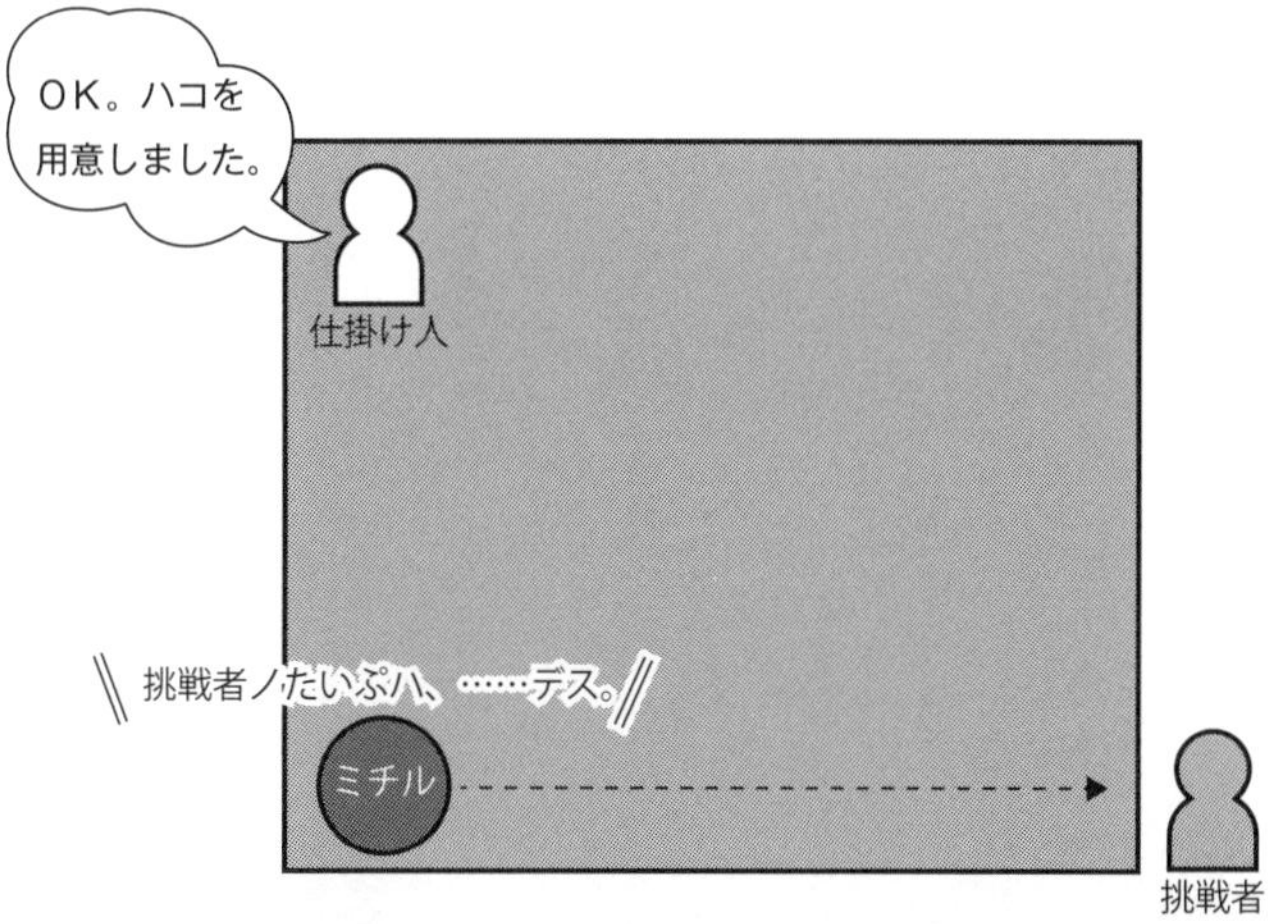

挑戦者が部屋に入る前にハコを用意

	Aのハコ	Bのハコ
ミチルがAのハコだけ取ると予想	１億円	１０万円
ミチルが両方のハコを取ると予想	０円	１０万円

「さあ、どうすればいいだろう？　Aのハコだけを取るかい？　それとも両方のハコを取るかい？　さっきの問題の説明にあったように、Bのハコだけを取るっていうのは、今回は考えないでおこう。」

4人は、先生が描いた2つのハコと表を見ながら考え始めました。少しの沈黙の後、レイナが口を開きます。

「ミチルという謎の生き物の予想が当たると仮定して、Aのハコだけを取れば1億円、AとBのハコ2つを取ったら10万円になってしまうということよね。私はAのハコだけを取るわ。ミチル君は90％以上行動を当てるんだもの。」

「そうだよね。ぼくもそうするなぁ。これ、パラドックスなのかな？」

ここで、ユウマが2人とは違う考えを話し始めました。

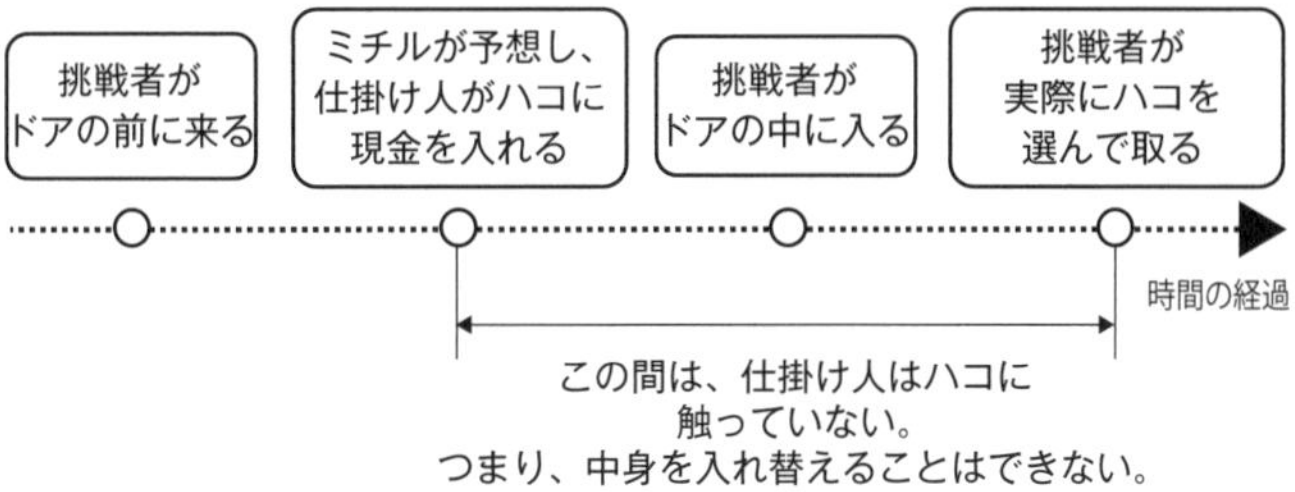
挑戦者がドアの前に来る
ミチルが予想し、仕掛け人がハコに現金を入れる
挑戦者がドアの中に入る
挑戦者が実際にハコを選んで取る
時間の経過
この間は、仕掛け人はハコに触っていない。
つまり、中身を入れ替えることはできない。

「でもさ、仕掛け人がハコにお金を入れた後で取るんだよね？　ハコはもう用意されて置いてある。それなら、1つだけとっても、両方とっても、ハコの中身が変わっちゃうわけじゃないんだよな？　挑戦者が部屋に入ってハコを選ぶとき、もう仕掛け人はハコに触れないんだからさ。
Aのハコの中身は知らないけれど、Bのハコも一応もらっておいたほうがいいんじゃないか？」

「あっ、そうか。でも両方取ると、たぶん1億円は入っていない……。どう考えればいいんだろう。」

「これが思考実験なんだよ。」

「え？」

「あ、そうか、頭の中で実験しているってことですか。」

「そう。ミチルを実際に作ろうとしても作れない。実際に1億円をプレゼントするなんていう状態も作れない。存在しないアイテムを使うだとか、やってはいけないことをしたらどうなるかとか、お金や時間がかかりすぎるとか、そんな実験に思考実験は便利なんだ。」

「なるほど。でも、ロジカルシンキングとはどんな関係が？」

「今、君たちは論理的に考えて答えを導き出そうとしていたよね。これがロジカルシンキングの練習になるんだ。まあ、続きをやってごらん。」

この思考実験のテーマ

「Aのハコだけを取る、両方のハコを取る、どちらのほうが多くの金額を手にすることができるだろうか？」

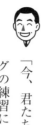

読者のみなさんならどちらを選びますか？　先に進む前に、Ａのハコだけを取るか、それとも両方のハコを取るか、この時点でどちらを選ぶのか、少し考えてみてください。それから、４人と一緒に思考実験に参加するつもりで、彼らの会話を読み進めてください。

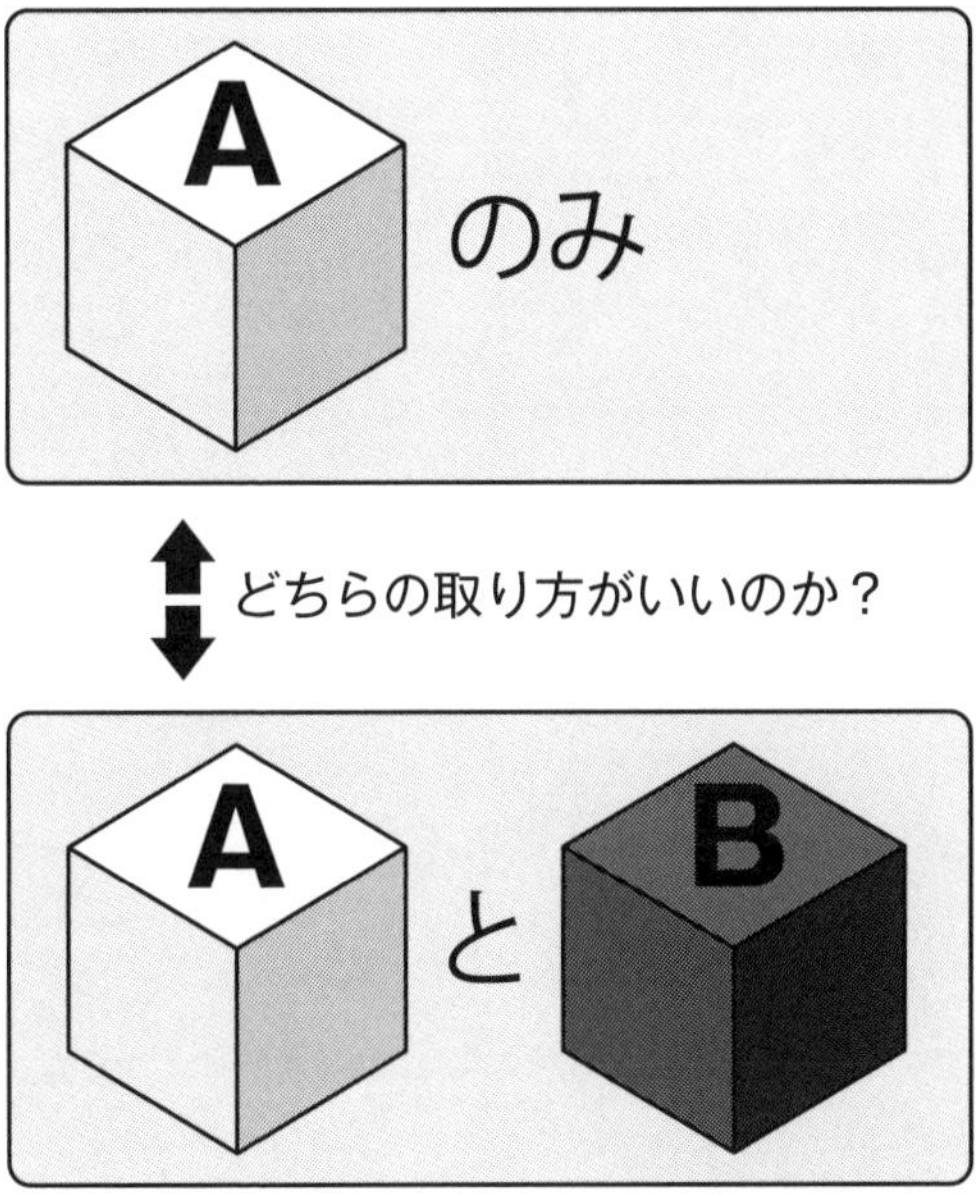

論理的に考えていくと……

「ではまず、Ａのハコだけを取るという場合を考えてみようか。」

「わかりました！　Ａのハコだけということは、ミチルに正しく予想してもらえれば、無事1億円を手にすることができる、という選択肢ですね。」

4人の挑戦が始まります。

「やっぱり私ならＡのハコだけを取りたいな。1億円がもらえるなら10万円は逃してもいいもの。」

「でも、高い確率でってことは、わずかであっても外れるってことがあるのよね。ミチルは90％や95％の正解率って言われているから。外れた場合は0円ということね。」

「0はいやだなぁ。最高1億10万円なのにさ！」

「それでもミチル君を信じたほうがいいんじゃない？　10～20回に1回しか外さないんだもの。」

「ミチルがAだけを取ると判断した場合にのみ、仕掛け人はAのハコに1億円を入れるんだよね。」

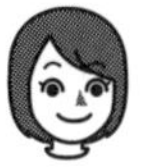

「ええ。そうね。」

「もし、Aのハコだけを取ると決めていた人が、いざハコを取る直前になって、やっぱり両方取ろうってなった場合、Aのハコに1億円は入っているのかな。」

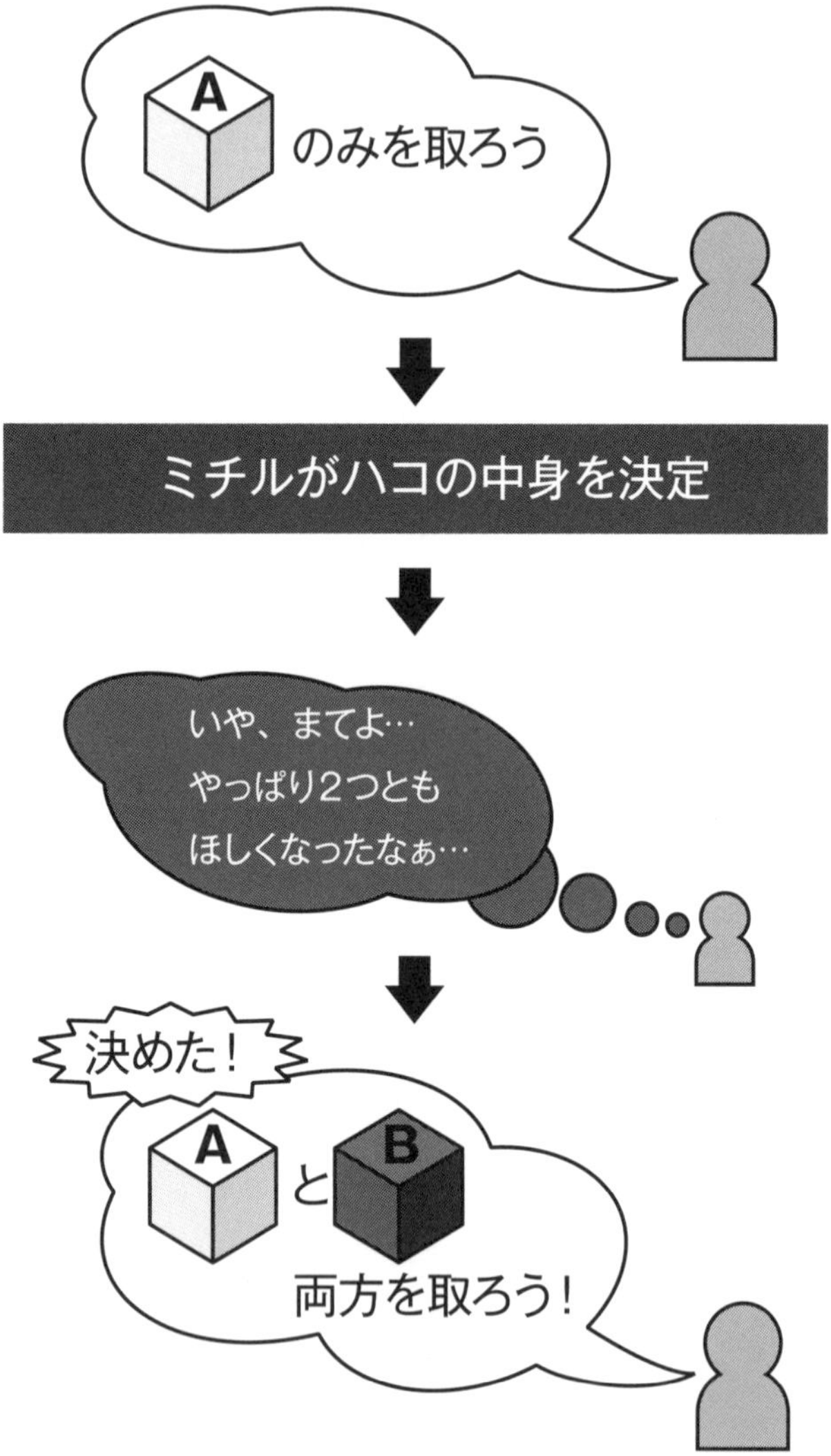
A のみを取ろう
ミチルがハコの中身を決定
いや、まてよ…
やっぱり2つとも
ほしくなったなぁ…
決めた！
A と B
両方を取ろう！

「えっ、それは難しいわね。どっちかしら。」

「それは入っているはずだよ。ハコを取るときにはすでに中身は決まっているんだ。仕掛け人はもうハコに触れることはできないから、今さらミチルが『あっ変更した！』ってわかっても、Aのハコには1億円が入っているはずだよ。手遅れってやつさ。」

「そうかな。もしかしたらなんだけど、ミチルは直前で気持ちが変わる人だって見抜いている可能性もない？」

「そうか。そういう考えもあるな。ミチルってどこまでわかるんだ？」

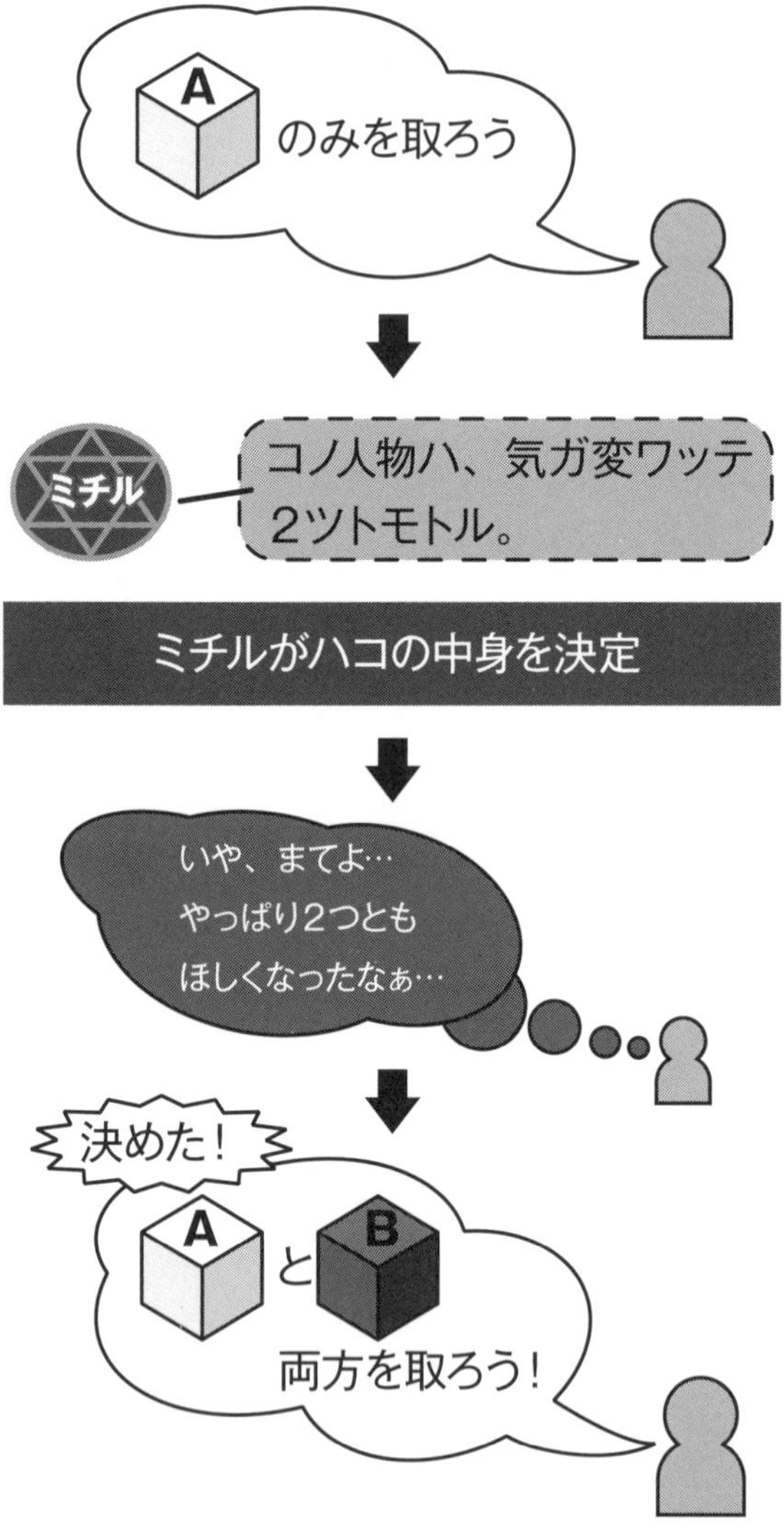
A
のみを取ろう
ミチル
コノ人物ハ、気ガ変ワッテ
2ツトモトル。
ミチルがハコの中身を決定
いや、まてよ…
やっぱり2つとも
ほしくなったなぁ…
決めた！
A
と
B
両方を取ろう！

◆ミチルの予想を全面信用するなら

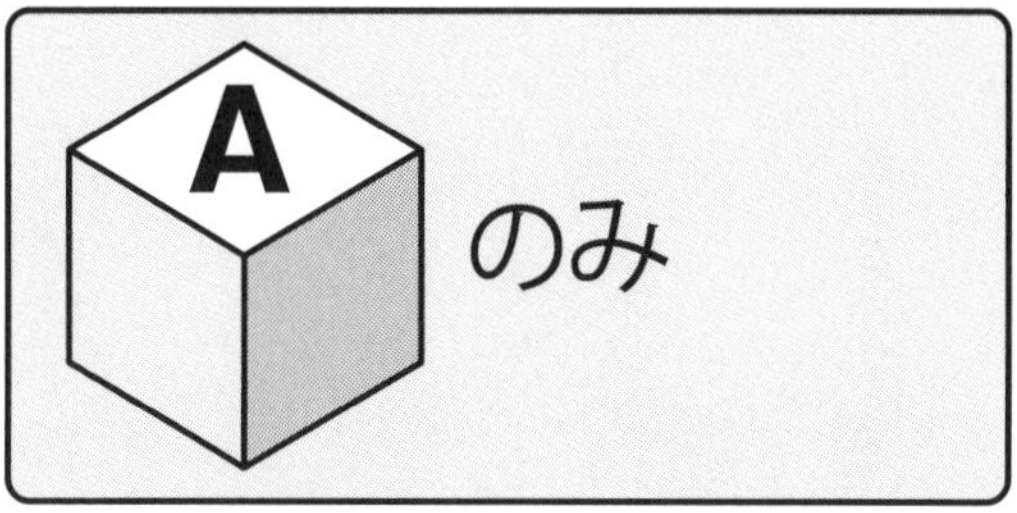

Aのハコ＝1 億円

∨

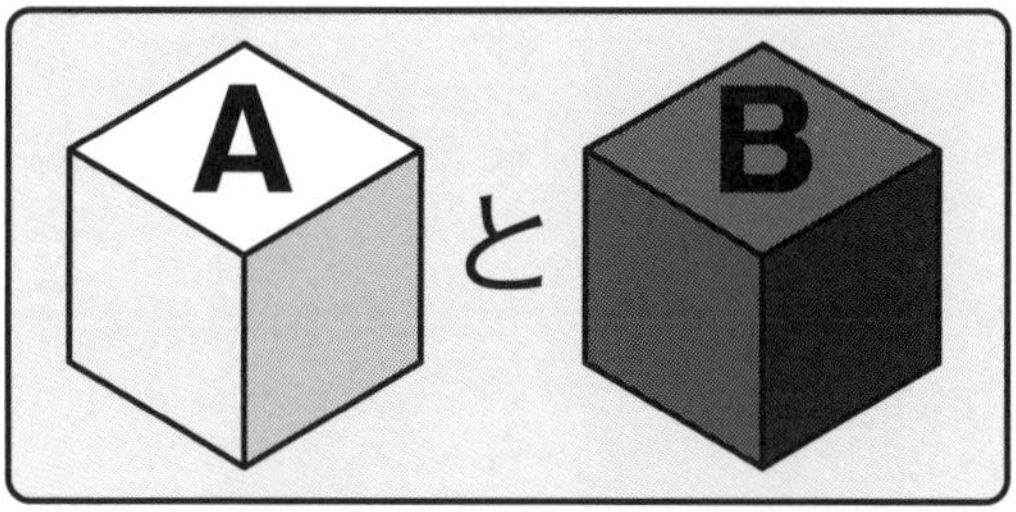

Aのハコ＝0円
Bのハコ＝10万円
合わせて10万円

∴Aのハコのみのほうが金額は高い

「少し混乱してきたようだね。この辺で両方のハコを取る場合のほうを考えてみようか。」

「両方のハコを取る場合はAのハコは空っぽになるわね。」

「多分そうだね。Aのハコが空っぽで、Bのハコに10万円が入っていて、10万円を手にする可能性が高そうだね。」

「1億円と比べると少ないけれど、Aのハコだけを取ってもし空っぽだった場合を考えると、絶対に10万円を取れるっていうのは魅力じゃない？　0円っていう最低の結果は免れるよ。」

「だいたいさ、取るときにはハコの中身は決まっていると考えた場合は、両方を取らないなんてバカバカしいと思うよな。そういう人は絶対に両方取ると思う。」

「確かに、Aのハコだけを取るより、10万円多くもらえるってことは事実だからね。」

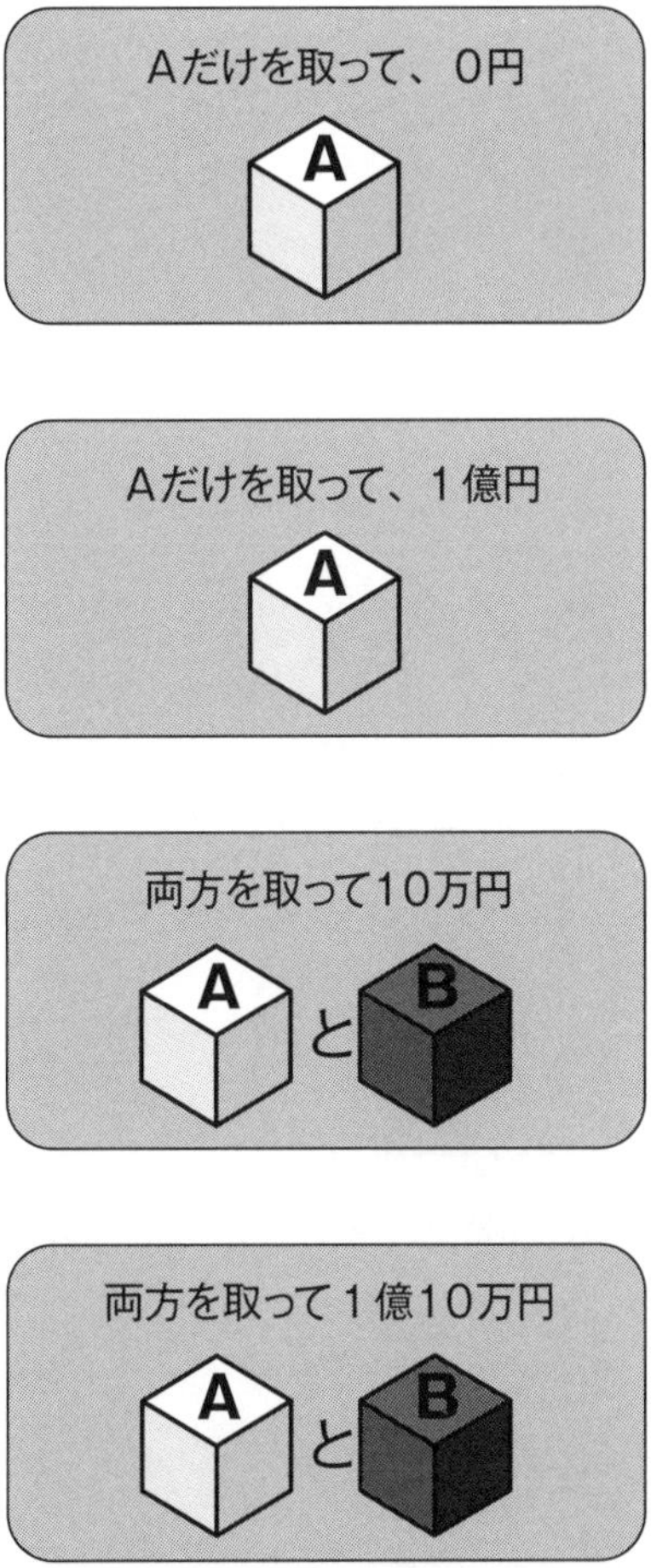

両方を取れば0円ということはない

「両方取る利点の1つは、0円はありえないということね。でも、冒険だわ。やっぱりミチル君に見抜かれちゃう気がする。」

「ポイントは、直前で気が変わるケースをミチルが事前に見抜いているかどうかになりそうね。」

「そろそろまとめてみようか。結局、どっちがいいんだろう?」

「ユウマの言うように、ハコを取るときにはハコの中身は決まっていると考えると、2つのハコを取るほうがいいことになる。Aのハコだけより、両方のハコを取るほうが10万円多くなるのは事実だから。それに、0円という最低の結果は避けられるしね。」

シュンはさらにまとめを続けます。

「一方で、マユが指摘したように、ハコを取る直前に気が変わることまでミチルが予想して

◆ハコを置いた後は中身は変わらないから

Aのハコ＝1億円

∧

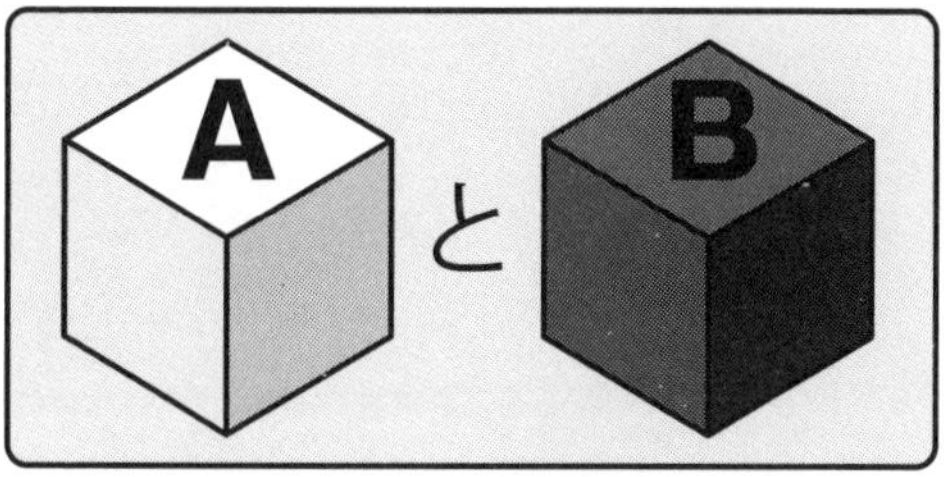

Aのハコ＝1億円

Bのハコ＝10万円

合わせて1億円＋10万円

∴両方のハコのほうが金額は高い

いるとなると、Aのハコだけを取ったほうがいい。だって、ミチルは高い確率で行動を予想しているのだから。」

「つまり、これは人によって意見が分かれるということね。正解はないわ。絶対に0円は嫌だという人は両方のハコを取るし、ミチル君を信じるならAのハコだけを取るかもしれない。私はやっぱりミチル君を信じてAのハコだけを取るわ。」

「なるほどな。考えがまとまった感じがする。」

「これが、論理的に考えるっていうやつなのかな。」

「すごく一所懸命考えちゃったよ。でも、楽しかったな。」

4人は自分たちなりの答えにたどり着くことができたようです。

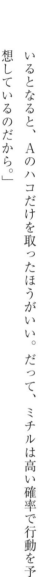

「なんとなく論理的に考えるっていうことがわかってきたみたいだね。ちなみに、ガーディアン紙が一般に行なったアンケートによると、約3万件の回答の内訳は、Aのハコのみを選ぶが53・5%、両方を選ぶが46・5%とほぼ半々という結果になったそうだ。本当に人それぞれなんだね。さて、明日からも思考実験を続けてみよう。」

「はい。もっとやってみたいです。」

「思考実験部の始まりかなっ。」

「いろんな問題にチャレンジしていきたいな。」

読者のみなさんも一緒に考えてみましょう！

これまでの会話から、読者のみなさんはどう考えましたか？　4人の会話を元に、次のポイントについて考えてみましょう。

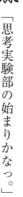

❶Aのハコだけを取る場合を考えてみよう。

❷両方のハコを取る場合を考えてみよう。

❸Aのハコを取るか、両方のハコを取るか、どちらがいいのだろう?

まとめ

『ニューカムのパラドックス』とは、1960年代後半に、哲学者であり数学者でもあるウィリアム・ニューカムによって提唱された思考実験です。未来が予想できる機械や生物が存在したらどうなるのかを思考実験で考えました。未だ確定した答えが出ていない難問で、Aのハコのみを取ったほうがいい、両方のハコを取るべきだ、と意見が2つに分かれたままです。

読者のみなさんは、Aのハコだけを取りますか? それとも両方のハコを取りますか?

ミチルは高確率で結果を予想する。
だから、Aのハコだけ取ったほうが
1億円を得る確率が高い。
10万円も一緒に取ろうとすると、
1億円はハコに入らない。10万円は
諦めて1億円だけを取るべきだ。

ミチルはすでに予想を終えて
ハコにはお金が入っている。
1つのハコを取っても、
2つ取っても、中身は変わらない。
だから、2つとも取るべきだ。

思考実験②

矛盾がある？ ない？『張り紙禁止の紙』

「とても身近な所にも思考実験はあるんだ。その例をやってみよう。」

ある公共施設の壁に、「張り紙禁止」と書かれた張り紙がありました。
ここを通りがかった人が言いました。
「この、『張り紙禁止』と書かれた張り紙は、〝張り紙禁止〟という決まりを破っているのではないでしょうか。」

「張り紙禁止」と書かれた張り紙は本当に許されるでしょうか？

この壁は
「張り紙禁止」
です

「張り紙禁止」の張り紙は
許されるのだろうか？

この思考実験のテーマ

「紙に『張り紙禁止』と書いて壁に張ったとしたら、これも張り紙だよね。張り紙禁止の壁に張り紙を張ったことになる。この張り紙は、許されると思う?」

論理的に考えていくと……

先生は紙に「この壁は『張り紙禁止』です。」と書き、黒板に張り付けました。

「貼り紙と書いたほうが意味は自然かもしれないけれど、今回はこちらの漢字にしておこう。」

「うーん、『張り紙禁止』と書かれた張り紙に、疑問を持ったことなかったわ。許される、許されないの前に、この張り紙は必要よね。」

生徒たちは黒板に張られた紙を見ながら考え始めました。

「この張り紙は仕方ないよね。これを張らないと、張り紙が増えてしまうから。」

「でも、『張り紙禁止』と書かれた張り紙が張られている時点で、張り紙はゼロにはならないんだ。面白いね。」

「張り紙をどうしても張りたいいたずら好きの人は、『張り紙禁止』って書いた張り紙なら張っていいんだな！　って言い出しそうだよ。」

そう言いながら、ユウマはサラサラと紙に〝この壁は「張り紙禁止」です。〟と書き、黒板に張り付けました。

「それはひどいわね。」

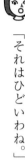

「だってさ、張り紙禁止なのに、張り紙をしている時点で説得力に欠けるじゃないか。」

「もし、〝この壁は『張り紙禁止』です。〟という言葉を、紙じゃなくて別のものに書いたとしたらどうかしら。たとえば木の板とか。」

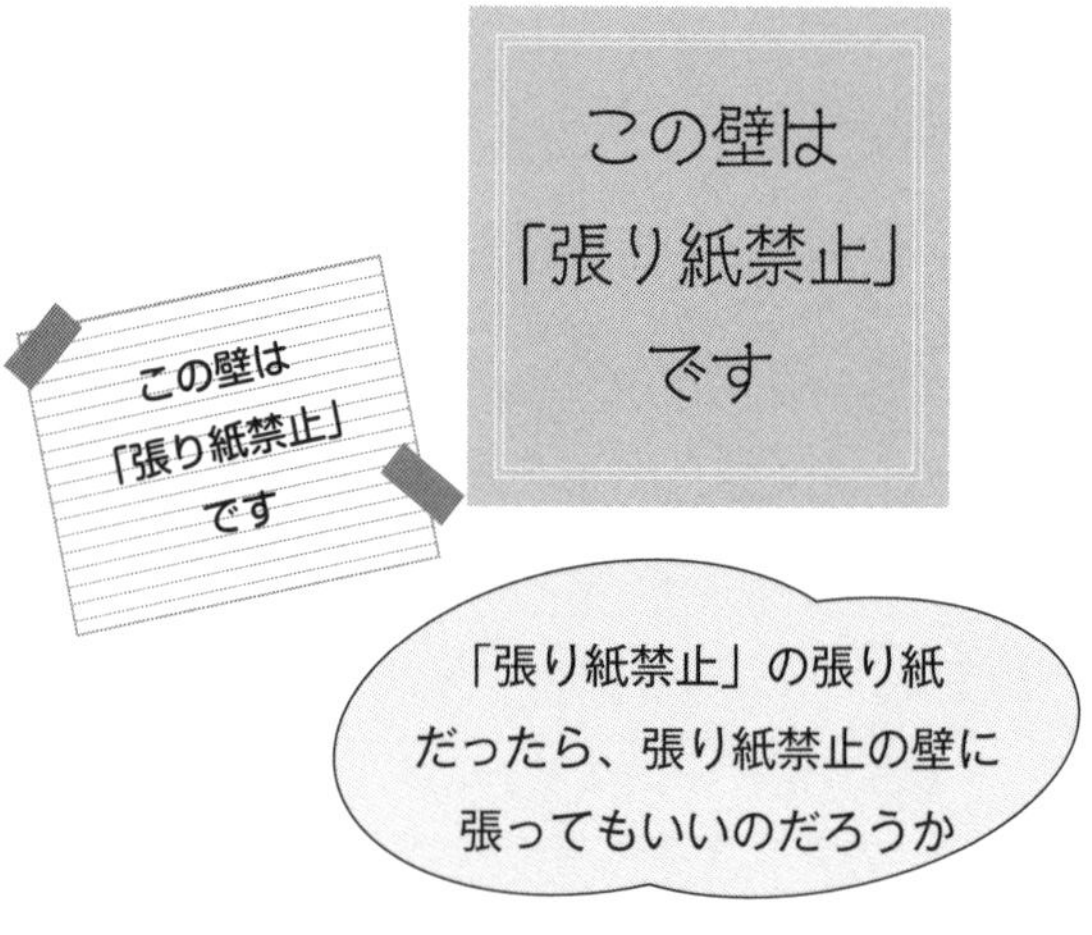
この壁は「張り紙禁止」です
この壁は「張り紙禁止」です
「張り紙禁止」の張り紙だったら、張り紙禁止の壁に張ってもいいのだろうか

「それなら自分も板に書こう♪ってなるかもな。」

「うーん、じゃあ、〝この壁は『張り紙禁止』です。※この紙は除く〟って書いたらどうかしら？」

この壁は
「張り紙禁止」
です

※この紙は除く

「張り紙禁止」の張り紙を矛盾なく
張れるだろうか？

そう言うと、マユは先生が黒板に張った紙に〝※この紙は除く〟と書き足し、ユウマが張り付けた紙をペラッとはがしました。

「これなら許されるのはこの紙だけよね。」

「いや、それならこうすればいいよね。それ、貸して。」

そう言うと、ユウマはマユがはがした紙を受け取りました。その紙を再び張り付け、ペンを走らせて〝この紙は除く〟と書き加えました。

「これ、きりがないね。」

「そもそも、こんなヘリクツ言い出すほうがダメだよって話だな。これは。最初の張り紙があれば、この壁は張り紙をしてはいけないんだって、誰だって理解できるよ。」

「ははは。その通りだな。この問題はパラドックスとはどういうものかをわかりやすくしてくれる1つの例なんだ。張り紙禁止にしたいのに、それを促すためには張り紙をしなければならない。」

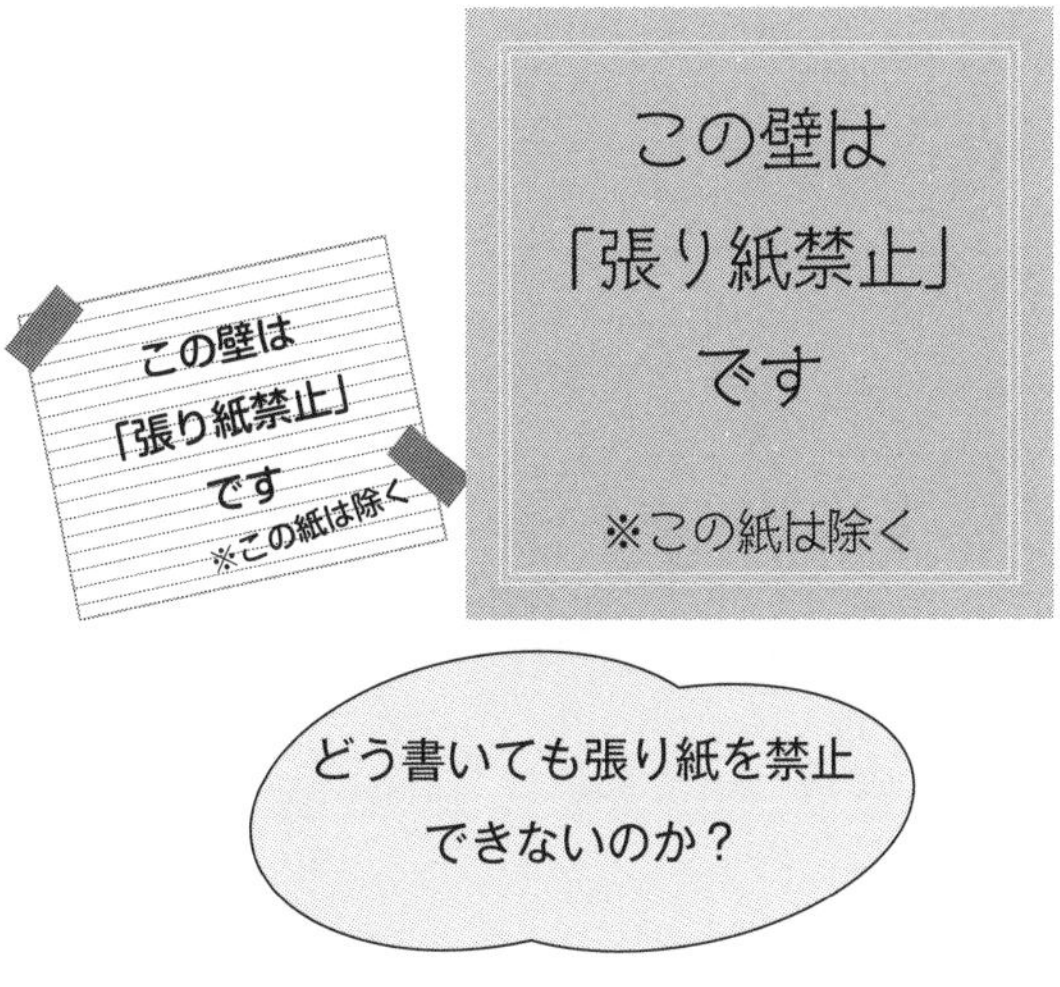
この壁は
「張り紙禁止」
です
※この紙は除く
この壁は
「張り紙禁止」
です
※この紙は除く
どう書いても張り紙を禁止
できないのか？

読者のみなさんも一緒に考えてみましょう！

先生と4人が張り紙について論理的に考えることで会話が成り立ち、しだいに「どうしたら張り紙を無くすことができるか」という同じ方向に向かっていることに気が付きましたか。

パラドックスを含んだ問題に取り組むことは、論理思考を促し、会話をしながら互いが同じ方向に向かって寄り添うためにとても効果的なのです。

読者のみなさんは先生と4人のやりとりから、「自分ならこう考えるけど」と思い浮かんだことはありますか。次のことをポイントに、4人に加わったつもりで考えてみてください。

1 「張り紙禁止」と書かれた張り紙をすることに、どんな矛盾があるのか、自分の考えをまとめよう。

❷もし、通りがかった人に疑問を与えないよう注意喚起をするなら、「張り紙禁止」と書かれた張り紙以外に、どのような方法があるかを考えよう。

まとめ

張り紙のパラドックスは、身近な例でパラドックスを体感する例として有名です。幼稚な言いがかりのような内容ですが、身近にパラドックスを感じられ、その意味を体感するには好例と言えるでしょう。

ここで、思考実験の題材として効果的な、パラドックスを含んだ問題について理解できるように、もう少し例を挙げてみます。

自分にできないことなど何ひとつないという、全能者がいます。

ある人が全能者に言いました。

「自分では持ち上げられないほどの重い岩を作ってください。」

もし、全能者がそれを作ったとしたら、おかしなことが起きます。それが何なのかわかりますか？

そうです。「自分にできないことなど何ひとつない」全能者ですから、誰にも持ち上げられない重い岩を作ることができるでしょう。ところが、どんなに重い物でも持ち上げられるはずなのに「持ち上げられない岩がある」ということになります。

それでも、「全能者である自分が持ち上げられない岩などあるわけがない。」と返したとしたらどうでしょうか。矛盾が生じてしまうわけです。

このようなパラドックスは他にも数多く存在します。

嘘つきは必ず嘘をつきます。

「私は嘘つきである。」

たったこれだけですが、矛盾があります。見つけられましたか？

嘘つきは嘘しか言わないはずなのに、「私は嘘つきである。」と、本当のことを言ってしまっているわけです。本当のことを言うということは正直者だからですが、「私は嘘つきである。」と言っているのです。

つまり、「私は嘘つきである。」と言いながら本当のことを言うのは矛盾していて、おかしいわけです。

このようなパラドックスを含んだ問題を考えるのは頭が痛くなるかもしれませんが、楽しみながら物事を論理的に考える練習をするのにとても向いていると言えるでしょう。

思考実験③
追いつく？　追いつかない？
『アキレスとカメ』

「有名な思考実験をやってみよう。俊足の青年と、カメの競争の話だよ。」

俊足で知られるアキレスと、鈍足な動物として知られるカメが競争をすることになりました。ただ競争をしてもアキレスが勝つに決まっていますから、カメにはハンデが与えられアキレスより前からスタートすることになりました。

一人の老人が口を開きました。

「この勝負、アキレスはカメに追いつけないと考えることができましょう。」

周囲の人々は不思議な表情で老人に目をやりました。老人は続けます。

「たとえばアキレスが今A地点にいるとしましょう。カメはそれより前のB地点にいます。少し経つとアキレスはもともとカメがいたB地点にたどり着きます。そのとき、カメは少し前のC地点にいますね？」

人々は「確かにそうだ」と首を縦に振りました。

「アキレスがC地点に着いたとき、カメはさらに少し前のD地点にいます。アキレスがD地点に着いたなら、当然カメはそれより前のE地点にいるのです。これは永遠に続きます。」

人々は考え込んでしまいました。確かに老人が言っていることは正しいと感じられます。どこにも間違いは発見できません。

しかし、事実がひとつあります。勝負が始まって間もなく、アキレスはカメを追い抜いたのです。実際には簡単に追い抜けるのに、なぜ老人の話が正しいように思われるのでしょうか？

アキレスとカメの位置関係

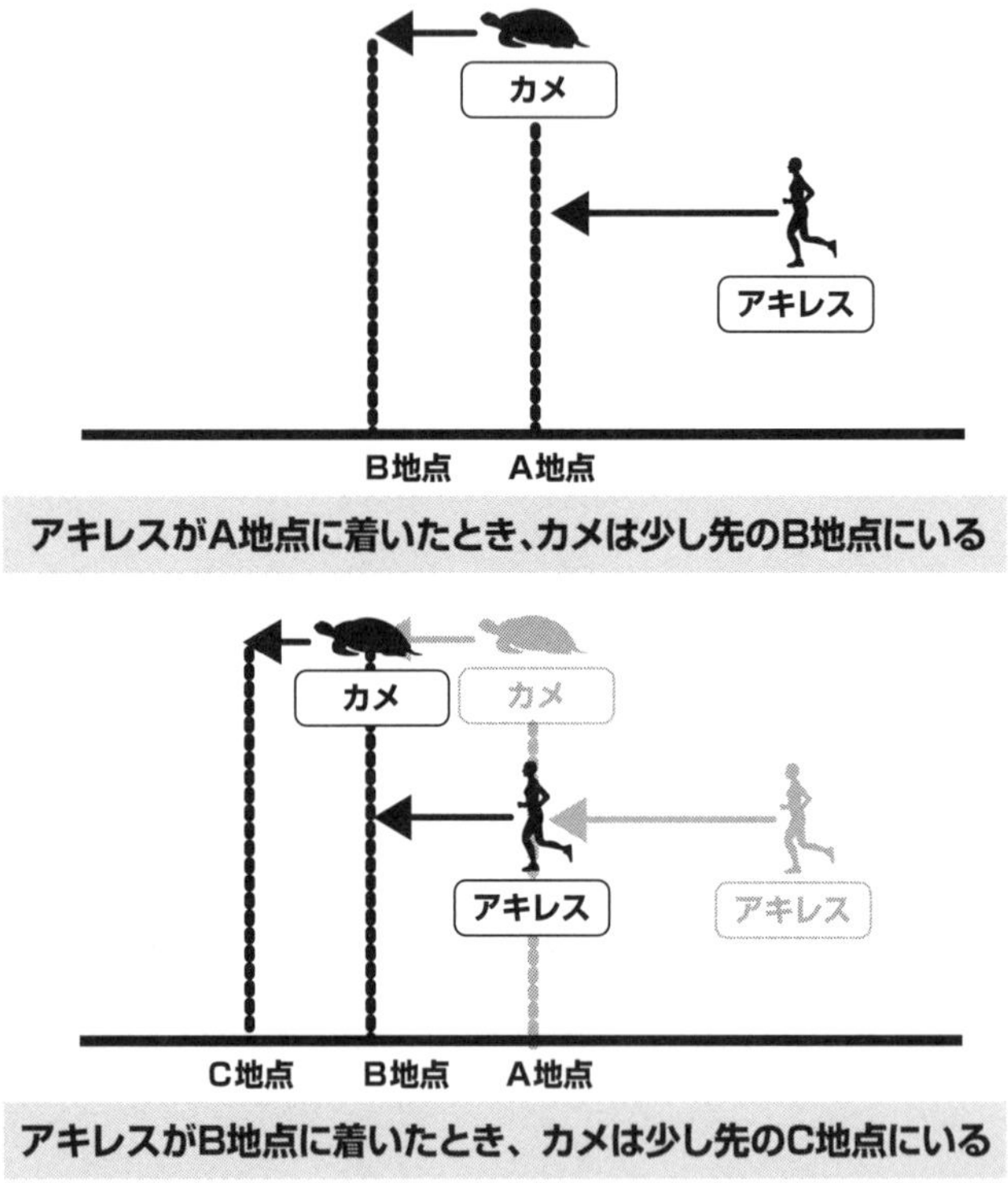

この思考実験のテーマ

「アキレスはカメに追いつけないとする老人の話はどこか間違っているだろうか？　実際に競争したらあっという間にアキレスが追い抜くのに、なぜ老人の話が正しく感じられるのか、考えてみよう。『実際には追い抜くから間違っている』という指摘ではなくて、老人の話のどこに明確な間違いがあるかを探してみてほしい。」

論理的に考えていくと……

「アキレスは俊足なんだ。カメに負けるはずはないよ。アキレスがカメに追いつけない、という部分は間違いなんだ。」

「だから、『実際には追い抜くから間違っている』という説明じゃダメなのよ。」

「アキレスはカメに追いつけるわ。でも、老人の話も正しい気がする。どうしてかしら。」

「確かに話は正しいわよね。アキレスがA地点に着いたとき、カメはB地点にいるし、アキレスがS地点に着いたならカメはT地点にいるはずだわ。これはずっと続くわけだから……。」

「アキレスのほうが足は速いのに、これではいつまでたってもカメに追いつけないことになってしまう。いったいどこがおかしいのかしら。」

「老人の言っていることがどこか間違っているんだよ。」

「うーん、『永遠に続きます』っていうのも気になるな。永遠に続くんなら本当に追いつけなくなってしまう。」

「もちろん、アキレスはカメをいとも簡単に追い抜く。でも、なぜ追い抜けるのか、なぜ老

人の話と違う結果になるのか、よく考えてみよう。」

4人はしばらく考え込みました。

「カメに追いつけないはずはないから、追いつけないと言えるわけはない。だけど、どうすれば説明できるんだろう？」

「アキレスとカメのお話だと、いつまでたってもカメはアキレスの前にいるわ。絶対に何か違う視点が必要なのよ。」

「ものの見方を変えるってことね。」

「そうか。それじゃあ、計算してみない？　アキレスがいつカメに追いつくか。何か思いつくかもしれないしさ。」

「それはよさそうね。」

「よし。アキレスは秒速10ｍ、カメは秒速1ｍとしよう。アキレスはカメの72ｍ後ろからスタートした場合、何秒でアキレスはカメに追いつくだろうか。計算してみよう。」

「アキレスはカメの10倍足が速いということね。これならあっという間に追いついてしまうわ。」

「えっと、アキレスの秒速が10ｍで、カメの秒速が1ｍだから『10－1』で、1秒で9ｍ差が縮まるのね。つまり72ｍの差は……。」

「8秒！」

「計算上は8秒後に追いつくことがわかっている、ということだね。」

シュンは黒板に計算結果をメモしました。

「では、計算結果を踏まえて、『アキレスとカメ』の話はどこがおかしいのかを指摘してみよう。」

「あっという間に追いつけるのに追いつけない、ってところが間違っているんだよな。」

「そうなんだけれど、どうして『アキレスとカメ』のお話が正しいように思えるのかしら。」

「絶対に永遠には続かないよな。永遠じゃなくて8秒だっていうことはわかっているんだ。」

4人は、黒板に書かれた計算結果を見ながら、それぞれに考えを巡らせていきます。

「アキレスがカメに追いついていないのって、8秒になる直前までだよね。それまでなら、老人の話は正しいよね。」

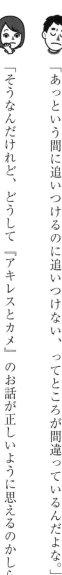

「いい視点なんじゃない？　アキレスもスタートの時点では当たり前だけどカメに追いついてはいないんだ。1秒後もそうだよね。」

「その間なら確かにアキレスはカメに追いつけないわね。これは当たり前だわ。」

「ああ、そうか、A地点とかB地点とか、S地点とか、T地点とか……それがそもそもアキレスよりカメが前にいるときのことを言っているのなら、8秒の直前までだけは老人の言っていることも正しいことになる！」

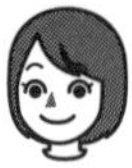

「8秒のことをすごーくすごく細かく見ていけば、T地点U地点……ってずっと続けられるっていうことね。」

「でも、どんなに細かく見たって、結局8秒間の出来事なんだよってことだね。」

アキレスとカメの位置関係

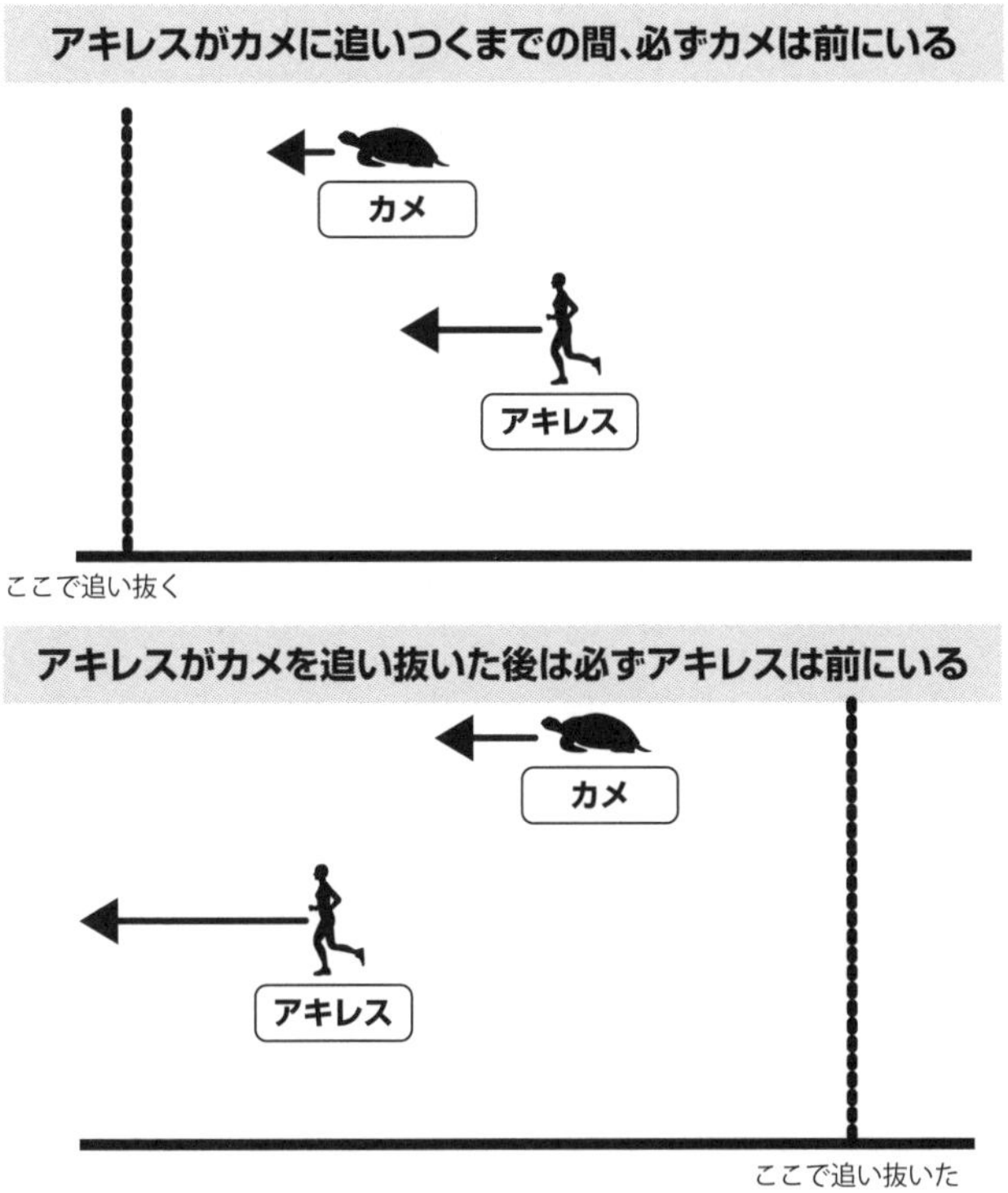

読者のみなさんも一緒に考えてみましょう！

先生と4人の生徒が、アキレスはなぜカメに追いつけないのかを論理的に話し合っているうちに、アキレスとカメの関係が見えてきました。

読者のみなさんは、先生と4人のやり取りから、あの老人の話の間違いについて、自分なりの考えが思い浮かんできたでしょうか。次のことをポイントに、4人に加わったつもりで考えてみてください。

❶「アキレスとカメ」の話はどこか間違っているのだろうか？

❷「アキレスとカメ」の話のように、アキレスは本当にカメに追いつけないと言えるのか？

❸計算結果と老人の話を比較して、老人の話が正しく感じるのはなぜなのかを説明してみよう。

まとめ

この問題は、紀元前5世紀半ば頃に、古代ギリシアの自然哲学者、ゼノンという人物によって提案された議論です。ゼノンはアキレスがカメに追いつけないと力説したかったわけではなく、「時間は無限に分割できない」ことを証明するためにこの思考実験を作りました。

アキレスはカメより後ろから出発しても、あっという間にカメを追い抜くはずです。実際にアキレスとカメが競争すればすぐにわかることでしょう。

一方で、アキレスがD地点に着いたとき、カメは少し前のE地点にいる、という説明も正しいように思えます。これはなぜなのでしょうか。

生徒たちが計算したように、72÷（10―1）＝8で、8秒後にはアキレスはカメに追いつき、その次の瞬間追い抜きます。

ここで問題になるのは、A地点、B地点……が何秒後なのかということです。もし、D地点が開始から5秒後であれば、アキレスよりもカメは前にいます。S地点もT地点も、それから1000個先の地点であっても、8秒よりわずかでも前であれば老人の話は成り立つのです。つまり、老人の話は、アキレスがカメに追いつく直前までの話を細かく見ているにすぎません。

5秒後、7秒後、7・5秒後、7・9秒後、7・99秒後、7・999秒後……と、アキレスがまだ追い付いていないときのアキレスとカメの関係を考えている間は、アキレスがカメに追いつけないように感じてしまっていたのです。

思考実験④
言葉の意味だけで判断していい？
『抜き打ちテスト』

「今度の思考実験は君たちにも大変なじみ深いお題だよ。」

「何ですか？」

「抜き打ちテストだ。」

「いやな響きだなぁ。」

「まあまあ。この思考実験では、抜き打ちテストについてある考えを展開していくケンタという少年が登場する。ケンタ少年は抜き打ちテストをどう考えたのだろうか？」

ある学校の国語の先生が生徒に言いました。

「来週のどこかで漢字の抜き打ちテストを行ないます！　しっかりと勉強をしておくように。」

「え〜！　いつなんですか？」

「君たちが今日だと確信できない日に行なうということだ。勉強をちゃんとやっておけば解ける問題だからな。」

抜き打ちテストなんて嫌だな〜、と思ったケンタは、学校からの帰り道、抜き打ちテストなんてなければいいのにと考え込んでいました。家に帰り、何となく抜き打ちテストの意味を調べてみると……。

まず、抜き打ちの意味は、「予告なしに突然物事を行なうこと。」だから、抜き打ちテストとは、「予告なしに突然テストを行なうテスト」ということ。

	月曜日	火曜日	水曜日	木曜日	金曜日
テストの実施					不可能

「つまり、本当に突然じゃないと抜き打ちテストって言えないんだ。ん？　先生は、抜き打ちテストを来週行なうって言っちゃったぞ？　これって予告だよな。しかも、今日だと確信できない日に行なうとか言ってたし。」

ケンタはさらに推理を進めます。

「もし、抜き打ちテストが金曜日にあるとしよう。それって、木曜日までテストがなかったってことだ。誰だって金曜日に抜き打ちテストがあるってわかるよ。それじゃあ、抜き打ちテストって言えないよな。ということは金曜日に抜き打ちテストはできない。」

ケンタはしばらく考え込んで、さらにひらめきます。

「ん？　もし、水曜日までテストがなくて、木曜日になったとしよう。そうなると、抜き打ちテストができるのは木曜日か金曜日

	月曜日	火曜日	水曜日	木曜日	金曜日
テストの実施				不可能	不可能

	月曜日	火曜日	水曜日	木曜日	金曜日
テストの実施			不可能	不可能	不可能

だ。でも、さっき金曜日に抜き打ちテストができないことは証明したから、抜き打ちテストは木曜日に行なわれることになる。でも、これで木曜日に抜き打ちテストがあったら、やっぱり突然とは言えないよな。だって、木曜日に行なわれるっていうことは証明されているから。」

ケンタの推理はさらに進みます。

「もし抜き打ちテストが水曜日だったら？　すでに木曜日と金曜日に抜き打ちテストができないことはわかっている。それなのに水曜日まで抜き打ちテストがなかったとしたら、みんな今日テストがあるってわかってしまう。これは絶対に抜き打ちテストとは呼べない。」

	月曜日	火曜日	水曜日	木曜日	金曜日
テストの実施	不可能	不可能	不可能	不可能	不可能

ケンタはまた少し考え込んだ後、飛び上がりました。

「これはすごいことだ！　同じ考えで、火曜日も、月曜日も抜き打ちテストはできないんだ！ということは、抜き打ちテストはない！」

ケンタは勉強もせず毎日登校しました。そして木曜日。先生は予告通り抜き打ちテストを行ないました。

テストはないと思っていたケンタは、この抜き打ちテストにクラスの誰よりも驚き、ひどい点数を取る結果になりました。

この思考実験のテーマ

「このお話のケンタ君は、抜き打ちテストができないという結果を論理的に導き出したはずなんだ。それなのに、結果的には抜き打ちテストが行なわれてしまった。なんでこんなことになってしまったんだろう。考えてみよう。」

論理的に考えていくと……

「ケンタは、抜き打ちテスト本来の意味から、絶対にこの日とわかっている日には実施できないと考えたんだ。」

「ケンタの先生が『君たちが今日だと確信できない日に行なうということだ。』なんて言ったからな。ちょっと考えてみたくもなるかもしれないよ。」

「確かに抜き打ちテストが実施されずに金曜日の朝を迎えたとしたら、今日は確実にテストがあるってわかるわ。だから抜き打ちテストは実施できない。」

「金曜日は確実にテストがない。それがわかっているから、テストができる最終日は木曜日ってことね。」

「その木曜日の朝になれば、今日が抜き打ちテストの日だってわかる。だから木曜日もテストはない。こうやって考えていくと、月曜日まで全部抜き打ちテストはできなくなるんだ。」

「でも抜き打ちテストは行なわれてしまったよな。こうなると、先生が悪いってことになるのかな？ でも、抜き打ちテストをした先生が悪いっていうのも違うなぁ。」

「実際に抜き打ちテストが行なわれたのは木曜日。もし、ケンタが先生に、ルール違反だ！って言ったら、先生はなんて答えただろう。」

「抜き打ちテストってこういうものだって言いそうだよ。だって、抜き打ちテストなんてしょっちゅう行なわれるものだし、来週行なうとか、教えてくれる先生も多いよ。」

「教えてくれたほうがみんな勉強するからね。」

「ケンタを説得しようと考えたら、それじゃ納得してもらえないよな。」

「うーん、それなら、『抜き打ちテストは今日だと確信できない日に行なうと確かに言った。じゃあケンタ、お前はテストが今日だってわかっていたかい？』って言えばいいんじゃないかしら？　わかっていたなら当然勉強をしてきたはずなのに、ひどい点数だったわけなんだし、先生の勝ちよね。」

「確かに先生の勝ちね。これならケンタも反論できないわ。」

「結局、ケンタは何を間違えてしまったんだろう？」

「ケンタは月曜日から金曜日まで抜き打ちテストはないって考えた。だから、たとえ金曜日に抜き打ちテストが行なわれたとしても、びっくりするだけだよな。自分の導き出した結論のせいで、いつ抜き打ちテストが行なわれても、ケンタはびっくりするという流れが確定しちゃったんだよな。」

「ははは。ケンタ完敗ね。」

「ケンタ以外の生徒ってさ、抜き打ちテストが今週の月曜日から金曜日までの間に行なわれると思って勉強していた人も多いはずだよね。それでももし金曜日になったとしたら、先生が言っていた『抜き打ちテストは今日だと確信できない日に行なう』はどうなるんだろう? 金曜日になってしまったら、今日だと確信できるような気がする。」

「金曜日になったら、その日に抜き打ちテストが行なわれるわね。私なら今日だって強く思うわ。」

「まあ、でも先生も気が変わるかもしれないし、テスト用紙忘れちゃうかもしれないし、来週に延期するかもしれないし。ケンタみたいに考える人もいるわけだしね。」

「結局、確信まではできないってことか。どう考えても、先生は抜き打ちテストを実施できる、となりそうだね。」

読者のみなさんも一緒に考えてみましょう！

4人はケンタという少年の論理的な考えを1つひとつ確認していきました。そして、なぜ抜き打ちテストが実施できたのか、なぜ、ケンタの結論とは違う結果になったのかを論理的思考で理解し、解き明かしていきました。

読者のみなさんは、ケンタの考えをどう考えますか？　また、先生が抜き打ちテストを実施したことについてどういう考えを持ちましたか？　次のことをポイントに、4人に加わったつもりで考えてみてください。

1 ケンタが導き出した、抜き打ちテストはできないという考えについてよく考えてみよう。

2 ケンタの考えはどこが間違っていたのだろう。

まとめ

木曜日に抜き打ちテストが行なわれたとき、誰よりも驚いていたケンタ。つまり、今日は抜き打ちテストは行なわれないと考えていたことになります。ケンタは、木曜日に抜き打ちテストが行なわれることがわかっていなかったことになり、ケンタの考え通りに考えても抜き打ちテストは実施できるという結果になってしまいました。

もし、ほとんどの生徒のように、金曜日までにテストが行なわれると考えていて、金曜日にテストがあったとしても、生徒たちはこう考えるでしょう。

「抜き打ちテストは多分今日だろう。先生が言った『来週のどこかで』という言葉が本当なら今日になるだろう。でも、『君たちが今日だと確信できない日に行なうということだ。』

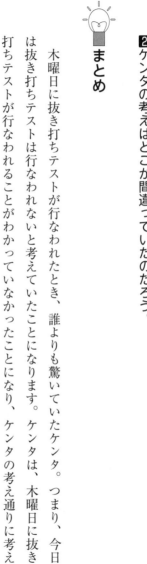

って言っていたから、今日は見送るかもしれない。いずれにせよ、今日行なわれる可能性は高そうだ。」

金曜日であっても、今日が抜き打ちテストだと確信まではできないことがわかりますね。こう考えると、先生は結局いつ抜き打ちテストを行なってもよいことになります。

そもそも先生は、生徒に少しでも高い点数を取れるよう勉強してほしいという意味で「来週のどこかで漢字の抜き打ちテストを行ないます」と伝えたのでしょう。

ケンタは、その抜き打ちテストの意味をはき違えてしまいました。よくよく考えれば、今まで抜き打ちテストの予告があって、実際にテストがなかったことはおそらくほとんどなかったでしょう。抜き打ちテストについて見事と思えるほど論理的に考えたこと自体はよかったと思いますが、先生の意図を読み違えたことで論理思考が別の方向に行ってしまったのです。論理思考にはこんな落とし穴があることは自覚しておいたほうがいいでしょう。

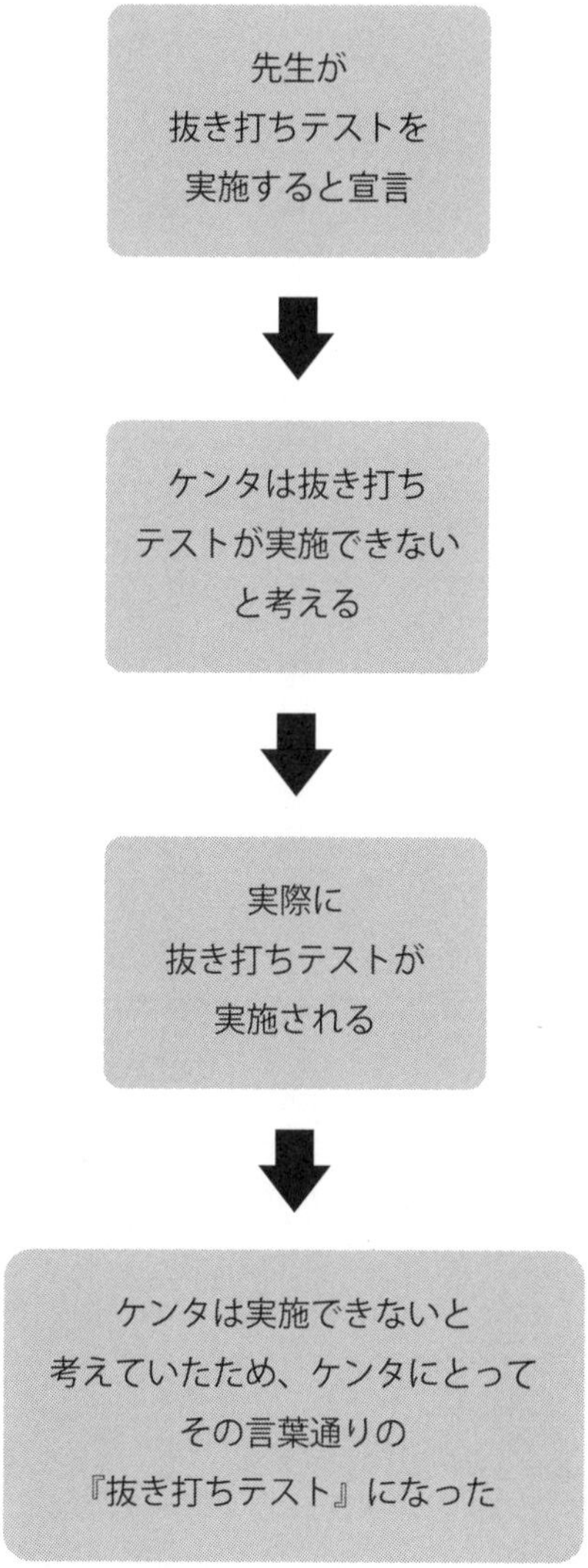
先生が
抜き打ちテストを
実施すると宣言
ケンタは抜き打ち
テストが実施できない
と考える
実際に
抜き打ちテストが
実施される
ケンタは実施できないと
考えていたため、ケンタにとって
その言葉通りの
『抜き打ちテスト』になった

思考実験⑤
どちらもまったく同じ。あなたはどっちを選ぶ？
『ビュリダンのロバ』

「どっちを選んでもまったく同じ条件というとき、どうやって選ぶかな？　〝ビュリダンのロバ〟に出てくるロバはどちらも選べなかった。実際のロバがこうなるわけじゃないけれど、この問題で〝選ぶ〟ということについて考えてみよう。」

ロバの目の前に2つの道があり、ロバからまったく同じ距離にまったく同じ量の干し草が置いてあります。ロバから見ると、2つの干し草はまったく同じで、どちらを選ぶにしてもまったく理由がありません。

この場合、ロバは3つの選択ができます。

1. 右の道に進み、干し草を食べる。
2. 左の道に進み、干し草を食べる。
3. どちらにも進まず、干し草を食べない。

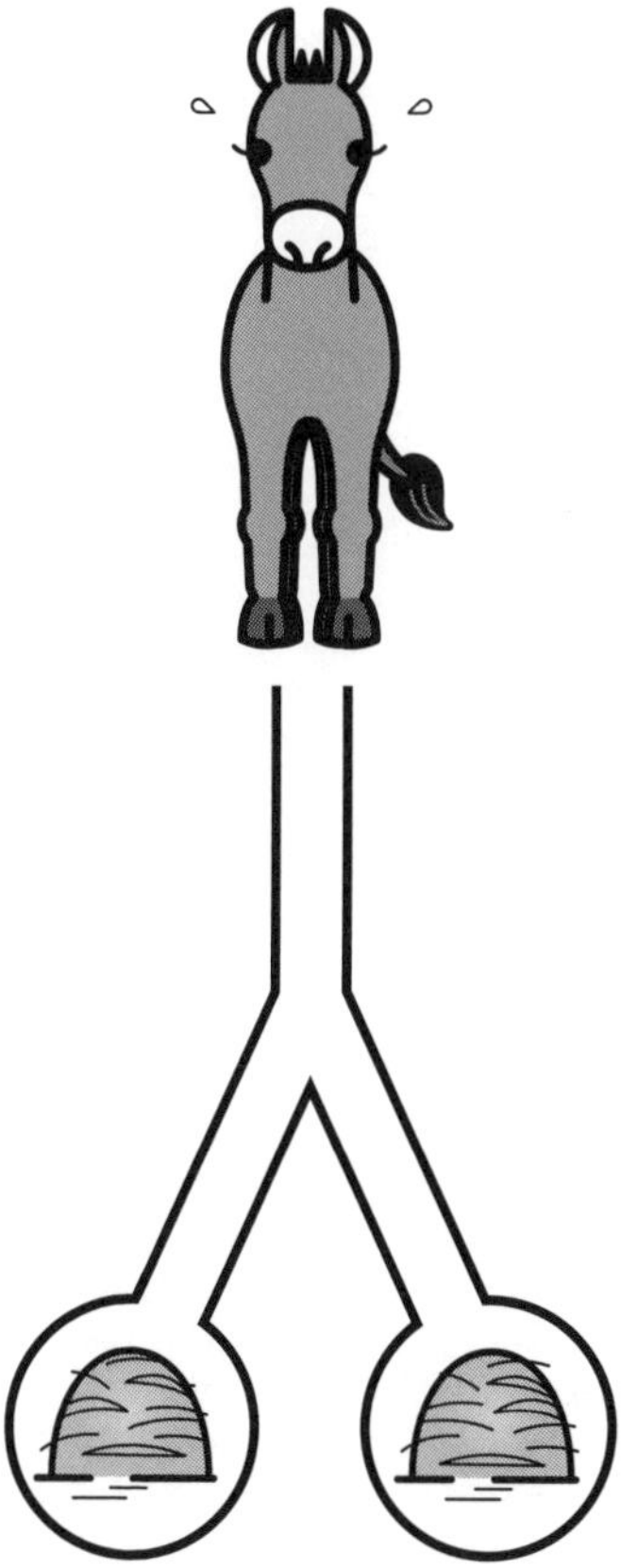

結局ロバは、左右の干し草のどちらに進むか選ぶことができませんでした。そして、その場から動くことができず、餓死してしまいました。

どうしてロバはどちらの干し草も選べなかったのでしょうか。

この思考実験のテーマ

「ロバは右の干し草でも左の干し草でもいいから選んでさえいれば死なずにすんだはずなんだ。そんなきわめて簡単なことがなぜできなかったのだろうか。論理的に考えるとどうなるだろう。私たちもそんな状態になることはあるだろうか。」

論理的に考えていくと……

「うーん……。いや、どっちかの干し草を選んで食べるよな？　実際だったら、たぶん。ロバも死ぬほど馬鹿じゃないよ。片方を食べたらもう片方も食べに行くよな。」

思考実験の設定に突っ込みを入れたユウマの言葉を受けて、先生が一言を添えます。

「思考実験の設定だからね。ロバは選ばずに死んでしまったという設定で考えてみよう。」

「この思考実験ではロバは死んでしまったんだ。なんでだろう？」

「選べなかった理由は、どっちも同じだったからなのよね。干し草までの距離も、干し草の量も、干し草の状態も、干し草への行きやすさも、干し草の食べやすさも、何を比較しても同じだったから選べなかったんだわ。」

「そこまで同じなら選ぶ必要ってある？　どっちでもいいじゃないの。」

「本当だね。どっちでもまったく同じなんだ。なのになぜ選ぶこともできずにいたんだろう。」

「つまり、AとBを比較してどちらかを取るということはできる。でもAとBが等しいならどちらを取ることもできないということ？」

「つまりどういうことなんだろう。A＝Bで価値が同じ場合、どちらでもいいから選ぶということができないんだ。」

「ユウマ、どうしたの？」

スマートフォンの画面を見ながら首を傾げ、その後何かメールを送ったらしいユウマを見ながらマユが聞きました。

「今日の夕飯、ハンバーグと焼き肉どっちがいいかって。」

マユは、なーんだそんなことか、とでも言いそうなすこし引きつった笑顔でさらに聞きます。

「あはは、それでどっちにしたの?」

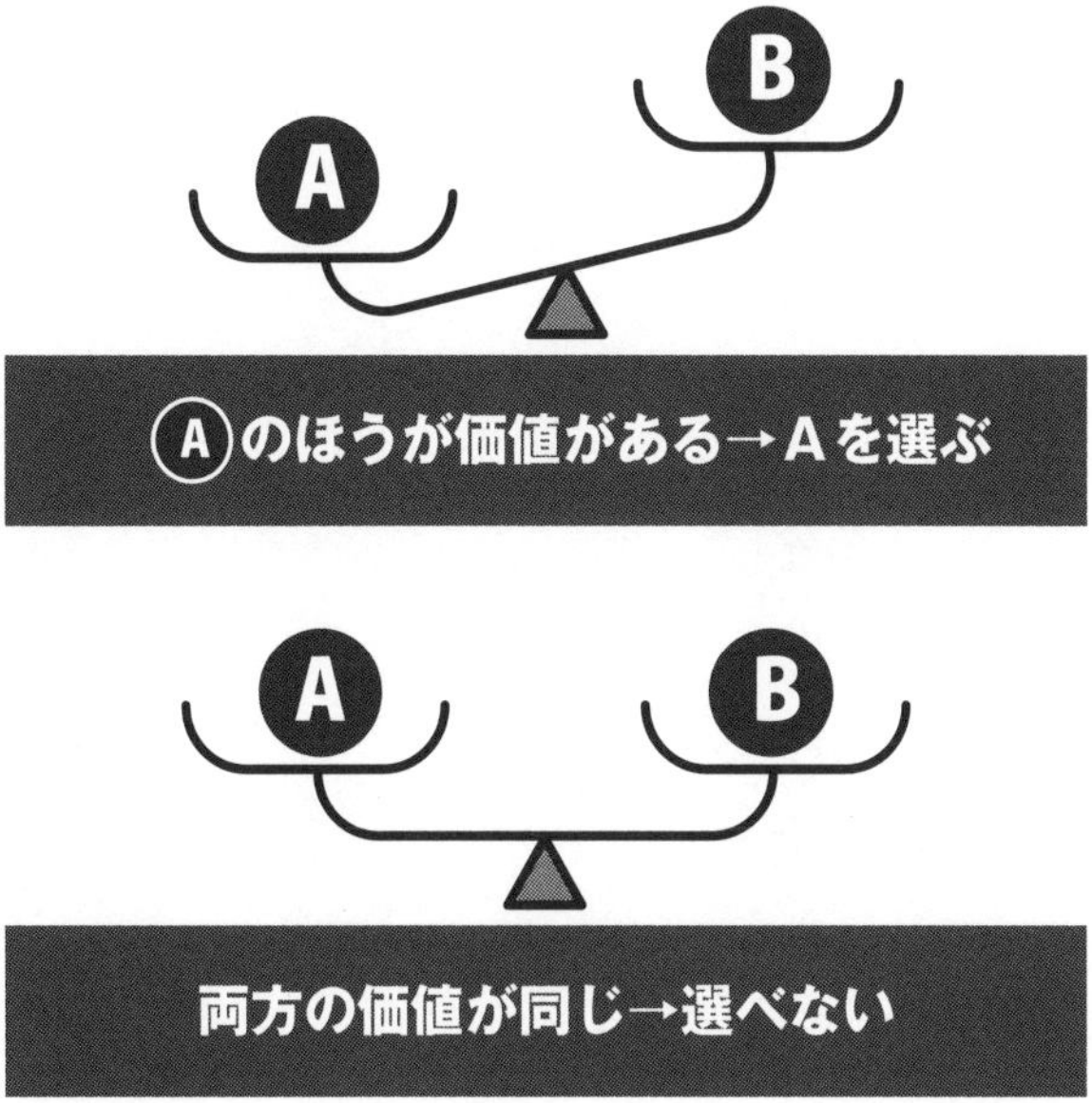

「どっちでもいいって返したよ。だってどっちも好きだから選べないしさ。」

「A＝Bってこと？」

「え？　あ、そんな難しい話じゃないよ。」

「選べないのはどうして？　同じくらい好きでも選べばいいじゃないか。ちょっと考えてみてよ。」

「ハンバーグを選ぶと焼き肉が食べられないし、焼き肉を選ぶとハンバーグが食べられないじゃないか。」

「当たり前でしょ……。」

ユウマの夕食の話を聞いたシュンは、何かひらめいたようです。

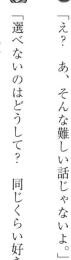

「なるほどね。こういうことだ。片方を選択すると、もう片方が魅力的になってしまうし、もう片方を選択してもやっぱり選ばなかったほうを選んでおけばよかったかもしれないってなってしまう。後悔しない方法は選ばないってことなんだ。この場合、選ばないことが一番ラクなんだよ。だからお母さんに決めてもらうんだ。」

「わざわざ俺の心を解説するなよ。なんだか恥ずかしいじゃないか。」

「これがビュリダンのロバなんじゃないかな。」

「ん？」

「ああそうか。ロバは選ぶより選ばないほうがラクだったのね。それで死んでしまうっていうのは極端だけど、そこは思考実験のお話だから。」

「これがビュリダンのロバ、なのね。選ばないという選択肢もある。」

「選ぶっていうのは大変なことなんだよってことかな。ハンバーグと焼き肉みたいにさ。」

ユウマは少しふてくされたように話し出しました。

「ようするに、選ぶっていうことはどっちがいいかをいろんな角度から考えて決めなくちゃいけないから、避けたくなるときもある。避けたほうがエネルギーを使わなくてすむから。」

そこまで話すとユウマは再び考え込みました。

「どうした？」

「やっぱりハンバーグにしておけばよかったかなあ。」

「選択をしなくても結局後悔するのか。難しい問題だな。」

「選ばないということは、今のユウマのように、よく考えれば最善と思われる選択肢を自ら放棄してしまうことにもつながるのよ。今はハンバーグだからいいけれど、重大な問題だったら大変なことになるわ。」

読者のみなさんも一緒に考えてみましょう！

先生と4人がビュリダンのロバについて論理的に考え会話しているうちに、選択に含まれるパラドックスについて考えが深まっていくのがわかります。

読者のみなさんは、先生と4人のやりとりから、「選択」について自分なりの意見が見つかったでしょうか。次のことをポイントに、4人に加わったつもりで考えてみてください。

1 この話のロバはなぜ餓死してしまったのだろうか。

2 「ビュリダンのロバ」という話は、何を伝えるために作られたのだろうか。

まとめ

この思考実験は、フランスの哲学者であるジャン・ビュリダンが主張したとされるたとえです。ロバには人のような自由な意思による選択ができないため、餓死してしまうと考えたのです。

たとえば、AとBのどちらかを選ぶとき、2つの価値に少しの差も見いだせなかったらどうやって選択しますか？　なんとなく選ぼうと考えても価値にまったく差がないので悩んでしまうでしょう。

こんなとき、それでも選択する方法があります。たとえば、次のような方法が考えられるでしょう。

・くじ引きやコイントスなど、運を天に任せて決定する。
・自分では価値がわからないので人に決めてもらう。
・第一印象だけで決める。
・自分以外の誰かの目線で考えてみる。
・世間の人気で決める。

このようにして、私たちは必ずどちらかを選択するということができます。つまり、価値の比較から抜け出すことで、ビュリダンのロバのような結末にはならずにすむのです。

選択することには、時として心の痛みを伴うことがあります。Aを選択したならばBを選んでおけばよかったかもしれないと思い、Bを選択すればAに未練を残してしまうかもしれないからです。悩めば悩むほどその傾向は強くなるでしょう。

その痛みを回避するためには、ビュリダンのロバのように選ばないという選択もあるでしょう。しかし、選ばなければまた、どちらかを選んでおけばよかったという後悔をする結果になるかもしれないのです。

人は、目の前にある悩みから逃げようとする傾向があるものです。ところが、選択という悩みを後回しにしていると、ロバのように何か大切なものを逃してしまうかもしれません。物事を決める、選択する力は、社会に出てからも重要な能力になります。

ロバのようにならないためにはどうしたらいいのか、自分なりに考えてみるのもいいかもしれませんね。

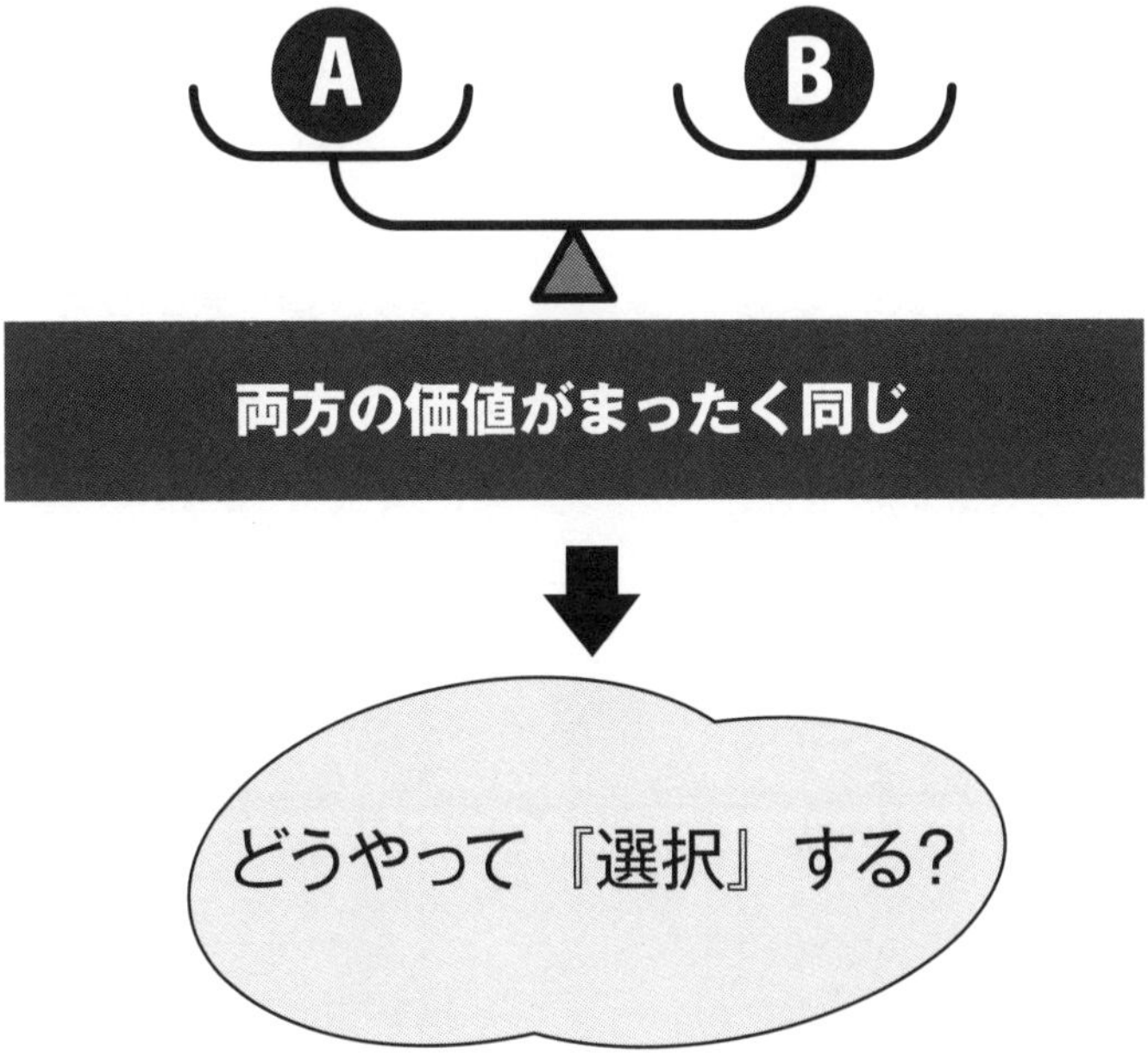
A
B
両方の価値がまったく同じ
どうやって『選択』する?

思考実験⑥
一瞬？ それともとてつもなく長い？
『5億年ボタン』

「君たちは、何もせずに、ただじっとしているだけでお金をもらうことができるとしたらどうする？ そんな思考実験をやってみようか。」

ここに奇妙なボタンがあります。その名は「5億年ボタン」。このボタンを押すと100万円が手に入るらしいのです。そして、そのボタンを押したらしき人が確かに100万円を手にしています。どうやらこれはアルバイトとして紹介されているようです。

5億年ボタン

このボタンを押すと、別の空間にあなたの体が転送されます。その空間で5億年を過ごしてください。5億年の間あなたは少しも年を取りません。

空間にはあなたの他に誰もいませんから、何かに気を使う必要もありません。何かをする道具もありませんし、する必要もありません。

全面白のタイル張りの永遠とも思えるほどの広い空間です。アルバイトの内容は、この広い空間で5億年の間、ただ存在していてください、という内容です。

寝ることも死ぬこともできません。意識はずっとはっきりしています。とにかく何もありませんから、とても退屈だとは思いますが、5億年が終了すればあなたは5億年分のすべての記憶を失って、ボタンを押した直後に戻されます。つまり、ボタンを押したあなたは、一瞬でアルバイトが終わったと感じるのです。ただ、一度ボタンを押したら、途中でやめることはできません。

アルバイトが終了しましたら私から100万円をすぐお渡しします。いかがですか？魅力的なアルバイトでしょう。やってみますか？

※このお話は、菅原そうた氏の『みんなのトニオちゃん』に登場するエピソードを参考にしています。

この思考実験のテーマ

「5億年ボタンがあったら、君たちは押すだろうか。押す人、押さない人、それぞれの立場で、この5億年ボタンについて考えてみよう。
まずは、5億年ボタンがあったら、自分は押すかどうかを考えてみてほしい。決まったら話し合いを始めてみよう。」

論理的に考えていくと……

「100万円は魅力的だよな。押してみたいかな。」

「迷うなぁ……。100万円を得るために5億年は辛い。でも記憶は消されるし、体が退化するわけでもない。5億年はなかったことになるんだよね。」

「絶対押さない。5億年独りぼっちなんて怖いよ。どう考えても長すぎるわ。」

「5億年は長いなぁ……。でも終わったら一瞬って感じるんだよね？ ユウマはなぜ押してみたいの？ 5億年よ？」

3人の視線がユウマに集まります。5億年ボタンを押すことに魅力を感じる理由は何なのでしょうか。

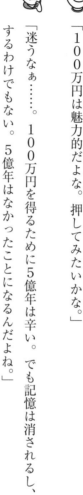

「本人は一瞬って感じるんだろ？　それなら一瞬だよ。」

「5億年はどうなるの？」

「だって、実感としては押したとたんに100万円もらえて、体も心も何ともないんだよ。それなら100万円ほしいよな。オレの感覚としては、結果的には一瞬で100万円を手にしているわけだから、押すでしょ。」

「そう考えると魅力的にも感じられるわね。でも、5億年は確かに存在するんだよね。」

「ユウマにとって、5億年の存在はあまり重要ではないっていうことかな。実際に5億年は存在するけれど、記憶に残らないし、体も何ともないのだから、いいってことか。僕ならどちらかというと5億年の記憶は消さないでほしいけどなぁ。」

改めて5億年ボタンを押すかどうかを考える4人。

「やっぱり無理。どう考えても押す気になれない。」

「レイナはなぜ絶対に押さないって思うの？」

「5億年をずっと1人で、眠ることも食べることもできずに存在するなんて絶対に無理。楽しいことが何もないじゃない。辛いことばかりだわ。人生100年と考えても、その5000万倍！　人類の誕生からまだ7000万年も経っていないというし、恐竜だって2億5千万年前くらいに誕生したと言われているわ。5億年ってそれだけ長い年月なのよ。考えられない長時間だわ。」

「その間、ただ5億年が終わることだけを考えて過ごすんだろうね。リタイアボタンがあったら、ほとんどの人が押してしまいそうな気がするよ。」

「リタイアボタンがあるっていう設定にしたら、押してみる人も増えるかもね？」

「結局、5億年ボタンって、押したら一瞬で100万円が入るって考えればいいのか、5億年もの時間を耐え抜かないといけないと考えるべきなのか、ここが選択の分かれ目なのかな。」

読者のみなさんも一緒に考えてみましょう！

先生と4人が5億年ボタンについて論理的に考え会話しているうちに、お金と時間のどちらを優先するかで考え方が違ってきました。

読者のみなさんは先生と4人のやりとりから、「こういう理由から押す、こういう理由から押さない」と思い浮かんだことはありますか。次のことをポイントに、4人に加わったつもりで考えてみてください。

❶5億年ボタンを押すか押さないか考えてみよう。

❷5億年ボタンを押すと答える人の気持ちを考えてみよう。

3 5億年ボタンを押さないと答える人の気持ちを考えてみよう。

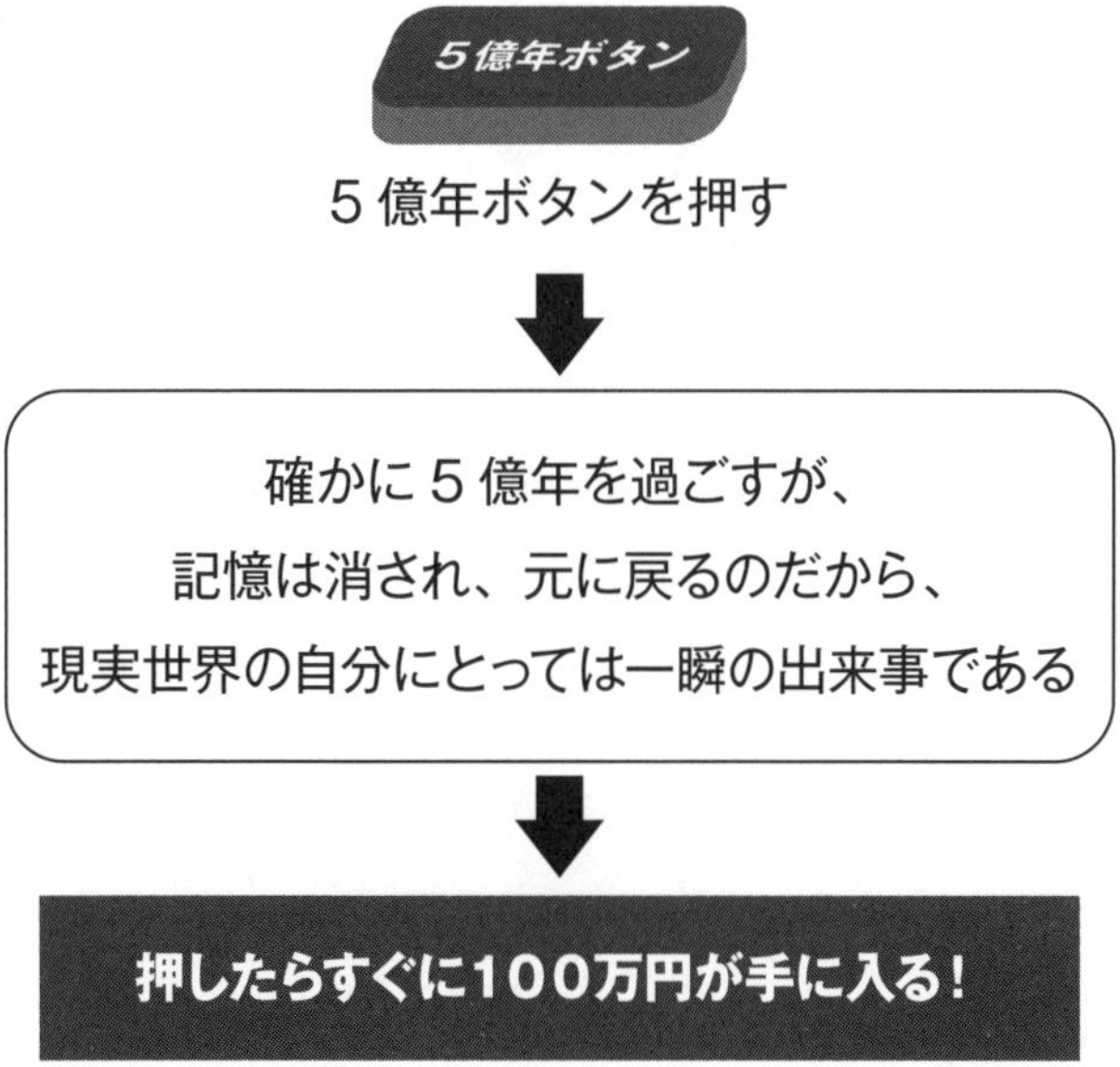
5億年ボタン
5億年ボタンを押す
確かに5億年を過ごすが、
記憶は消され、元に戻るのだから、
現実世界の自分にとっては一瞬の出来事である
押したらすぐに100万円が手に入る！

まとめ

ボタンを押す人は、ボタンを押したら100万円を得ると考えるでしょう。5億年過ごすという経過よりも、100万円を得るという結果を重視していると考えられます。

5億年が一瞬の出来事と考えると、5億年ボタンを押すことで失うものは何もないと考えられます。しかも、たとえ5億年の間に気がおかしくなろうと、どんなに後悔していようと、つらい記憶も含め、5億年の記憶はすべて消去されます。ボタンを押した後に残るのは、100万円というお金だけなのです。

一方でボタンを押さないと答える人は、100万円を得るために5億年過ごすのは苦痛であり、釣り合わないと考えるでしょう。

たとえば、1年で1円が手に入るとしたら5億年で5億円ですが、もらえるのは100万円ですから、1年あたりでは0・002円です。つまり、1年間苦痛に耐えても1円す

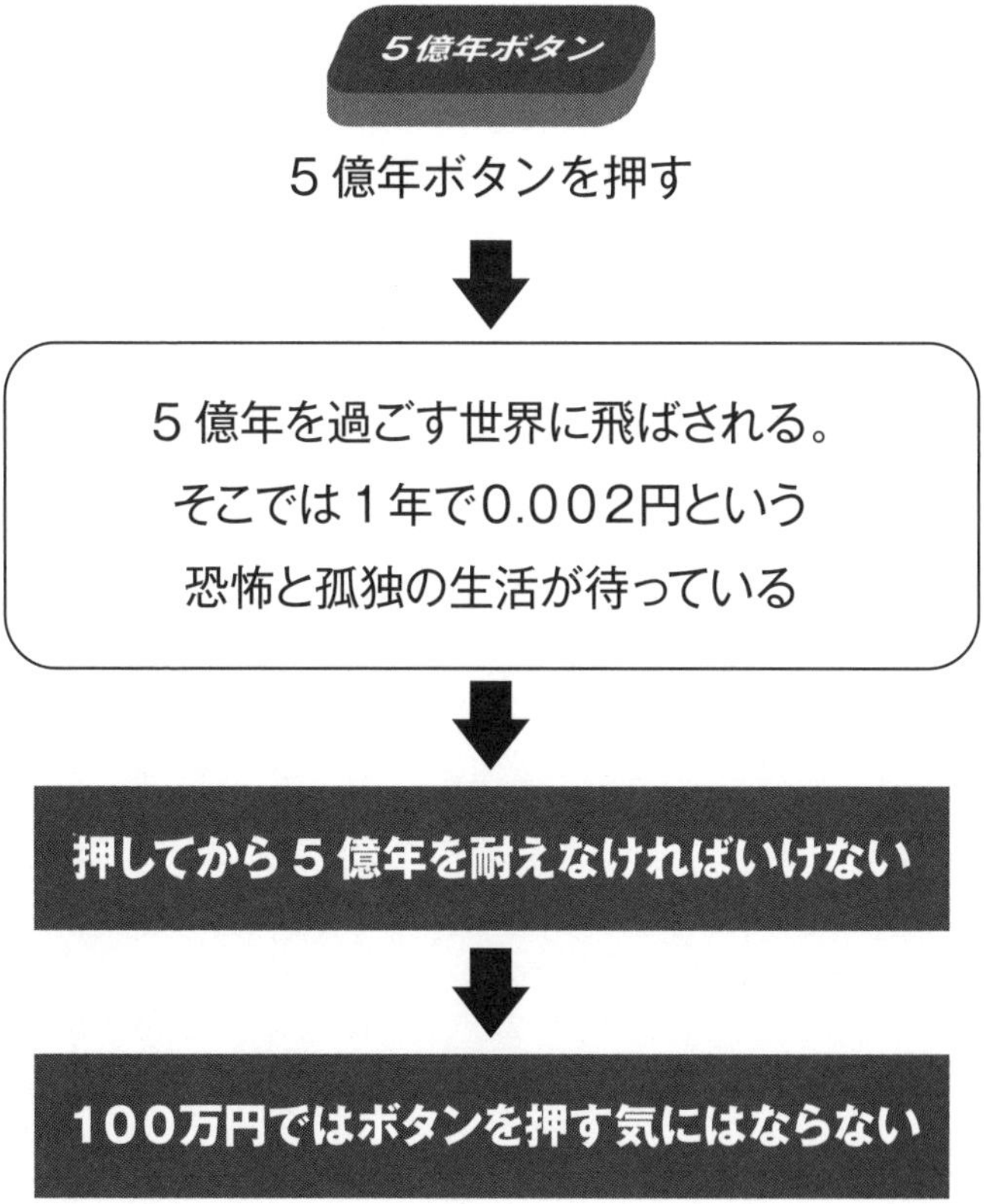
5億年ボタン
5億年ボタンを押す
5億年を過ごす世界に飛ばされる。
そこでは1年で0.002円という
恐怖と孤独の生活が待っている
押してから5億年を耐えなければいけない
100万円ではボタンを押す気にはならない

らもらえないのです。

人の一生を100年とすれば、たったの0・2円です。そんなふうに考えると、たとえ100万円を受け取れるとしても、5億年ボタンを押す気にはならないと思うでしょう。

5億年ボタンは100万円という結果を重視して押す派と、5億年という時間の重さを考えて押さない派に分かれるでしょう。あなたは押す派、押さない派、どちらですか？

思考実験⑦
過去を変えたら今はどうなる？
『タイムマシン』

「タイムマシンについてどう思う？」

「乗ってみたいな。」

「1000年後、もしかしたら存在しているのでしょうか。」

「1000年後に生まれたかったなぁ。」

「でも、１０００年後にタイムマシンが存在するなら、今の時代に未来の人はやってこないのかな?」

「みんな、タイムマシンには興味があるようだね。では、タイムマシンに関する思考実験をやってみよう。」

2989年、ついにタイムマシンが完成しました。人は時間を自由に行き来できるようになったのです。

15歳の少年、タツキの母親は12年前、タツキが3歳のときに事故で他界していました。そのとき、タツキの母親のお腹には子どもがいて、タツキは、初めての兄弟である妹の誕生を楽しみにしていました。両親は、妹の名前はアイリと決めていたそうです。その妹は母親が事故にあったとき、一緒に他界してしまったのです。

タツキはタイムマシンで自分が3歳のときに戻り、母親の事故を防ぐことにしました。成功したら、自分にも妹ができるはずです。やるべきことはわかっています。母親が事故にあう場所に行かないようにするだけです。

そして、タツキの計画は成功し、タツキは12年前の事故を防ぐことができました。

さて、タツキの妹・アイリはどうなったのでしょうか。

この思考実験のテーマ

「タツキは12年前に母親が遭遇《そうぐう》した事故を防いだんだ。さて、妹のアイリはどうなったんだろう？」

論理的に考えていくと……

「事故を防いだから、アイリちゃんは無事生まれたんだよね。」

「母親も死なずに済んだから、タツキの家族は一気に倍になったんだね。よかった。」

「タツキの父さんも一安心じゃないか？　助けに行ったタツキに感謝かな。」

「うーん、すっきりしないわ……。」

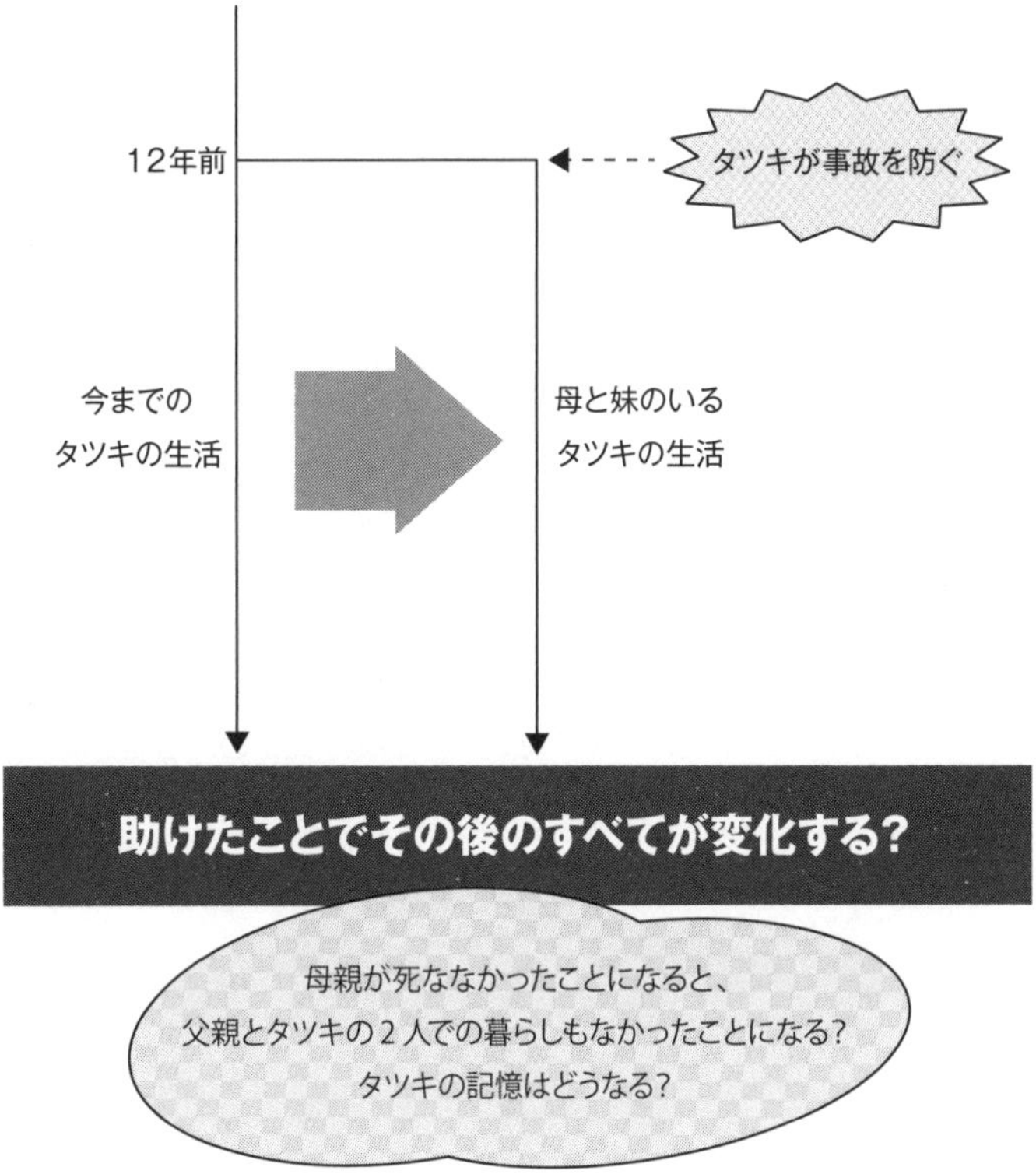
12年前
タツキが事故を防ぐ
今までの
タツキの生活
母と妹のいる
タツキの生活
助けたことでその後のすべてが変化する？
母親が死ななかったことになると、
父親とタツキの２人での暮らしもなかったことになる？
タツキの記憶はどうなる？

考え込むしぐさを見せるレイナに3人の視線は集中します。

「運命を変えたわけよね。本当は亡くなっていた母親が死なずに、生まれなかったアイリが生まれた。たとえば、タツキが助けに行く直前まであったはずの母親のお墓は、タツキが事故を防いだときにいきなり消滅するの？　タツキと父親が住んでいる家は4人になったら狭いかもしれないわ。となると、4人だったらその家にしなかったかもしれない。違う家に突然変わるのかしら。

もし、アイリが8歳、タツキが11歳のとき、アイリがどうしても山に行きたいという理由でタツキが一緒について行って、そこでタツキが事故で死んでしまったとしましょう。その場合、タツキは母親を助けに行った15歳まで生きていないわ。しかもそれはタツキが母親を助けに行って、アイリが生まれたからであって……。」

「タツキが12年前の事故を防いだ、という一瞬の出来事で、その後がこんなにも複雑になるんだね。この思考実験は難しいよ。」

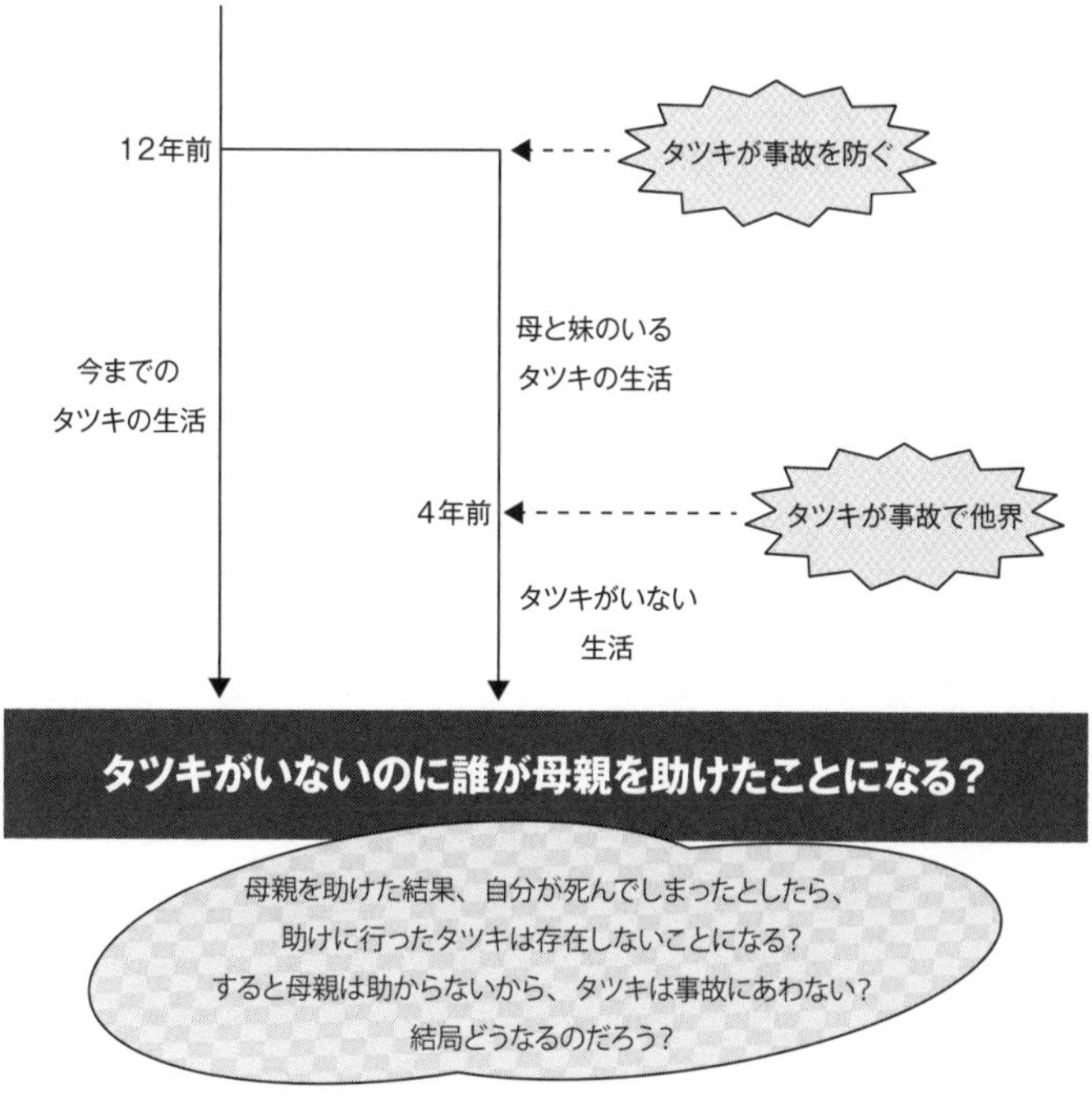
12年前
タツキが事故を防ぐ
今までの
タツキの生活
母と妹のいる
タツキの生活
4年前
タツキが事故で他界
タツキがいない
生活
タツキがいないのに誰が母親を助けたことになる？
母親を助けた結果、自分が死んでしまったとしたら、
助けに行ったタツキは存在しないことになる？
すると母親は助からないから、タツキは事故にあわない？
結局どうなるのだろう？

「少しややこしくなってきたね。状況を整理するために、まずはアイリが生まれたと設定して、タツキの人生を考えてみよう。」

「アイリが生まれたら、タツキはお兄ちゃんになる。」

「さらに誰か生まれるかもな？　兄弟は2人とは限らないぞ。」

「アイリもタツキも順調に成長するのかしらね。」

「それで、タツキがタイムマシンに乗る15歳を迎える。」

「いざ、母親を助けに行くんだ。」

4人は15歳になったタツキのことを想像しました。そして、ある矛盾を見つけます。

「助けにって……母親はそこにいるのに？」

15歳のタツキが助けた母親は確かにそこに生きているはず。4人はさらに考えを進めます。

「順調にタツキもアイリも育っているなら、タツキは助けに行かないよな。だって、母親は生きているわけだし。」

「でも、助けないと死んでいることになるよね？」

「でも、生きている母親をどうやって助けるの？　多分タツキは母親が事故にあうことすら知らないだろう。」

「アイリが生きている世界は、母親が事故で他界していない世界だから、タツキも助けに行こうなんて気にはならないはず。」

「結果、助けには行かないわ。でも、そうなると母親は死んでいることになってしまうの？　今そこに生きているのに？　消えてしまうっていうことなのかしら。」

「母親が生きていて、アイリが生まれているのは、タツキが助けたという前提があるからこそだよね。でも、この場合の15歳のタツキって、自分が助けに行ったことも知らないし、助けに行こうなんて夢にも思わないんだ。」

　シュンの言葉を最後に3分ほど静かな時間が流れました。先生は何も言わずに4人の答えを待っています。

「タイムマシンって……不可能なのかな？」

「タイムマシンがもし発明されても、過去に影響してはいけないとか、何かあるよね。たぶん。」

「過去には行けないのかな。」

「過去に行けないなら、今までタイムマシンに乗ってきた人を見たことがないのも頷けるわ。」

「でも、タイムマシンなのに過去には行けないっていうのも夢がないなあ。」

「タイムマシン用の過去に行くっていうのはどうかしら。そこで何をしても、未来には影響しない。」

4人はタイムマシンについてあれこれと話し合いました。

「タイムマシンでの時間移動についていろいろ考えを深められたようだね。実際にタイムマシンを作ることは可能なのかについてはさまざまな議論がなされているんだ。数学的には可能だけれども、タイムマシンを作る素材がまだ発明されていないという人もいる。この

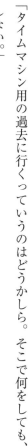

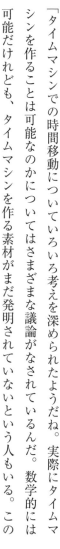

思考実験の設定である２９８９年にはもしかしたら本当にタイムマシンが存在しているのかもしれないよ。」

読者のみなさんも一緒に考えてみましょう！

４人の生徒は、論理的に考えを進めていくうちに、タツキの物語には矛盾が隠れていることに気が付いたようです。読者のみなさんは、タツキの物語をどう考えますか？　また、タイムマシンの存在についてどんな意見を持つでしょうか。

次のことをポイントに、４人に加わったつもりで考えてみてください。

❶アイリはどうなったのだろう。

❷アイリが生まれていたとして、タツキの人生を振り返ってみよう。

❸この話を元に、タイムマシンについて考えてみよう。

まとめ

タイムマシンの存在を考えた時、この思考実験のような矛盾がたくさん生まれてしまいます。

15歳のタツキが母親を助けに行き、無事成功した瞬間、タツキには3歳年下のアイリとの12年間の生活があったことになるでしょう。12年間分の思い出がタツキの記憶の中には存在していなければなりません。過去にさかのぼって運命が変わるというのは、考えてみると不自然なことばかりなのです。

では、未来に行って未来を変えたと考えたらどうなるでしょう。たとえば1年後の世界に行き、1年後の自分が持っていたソフトクリームをもらったとしましょう。その直後、もう1つソフトクリームを食べたくなったあなたは考えました。さっき1年後の自分からソフトクリームをもらった。さらに、さっきソフトクリームをもらった時点から30秒前の自分ならまだソフトクリームを持っているはず。そこに行ってソフトクリームをもう1つもらおう。この方法ならいくらでもソフトクリームがもらえることになるのでしょうか？　次ページの図のように、1年後の自分からソフトクリームをもらった後に、その30秒前の自分からソフトクリームをもらったとしたら、1年後の自分は「30秒前に過去から来た自分にソフトクリームをあげてしまった」と言わなければおかしいのではないでしょうか？

タイムマシンで時間旅行ができるとしても、果たしてこんなことはできるのでしょうか？過去を考えても、未来を考えてもなかなか難しいものがあるようです。

そもそも、こんなことも起こるかもしれません。たとえばA社がタイムマシンを発明したとしましょう。ライバルとして長年タイムマシンを研究してきたB社が悔しがり、A社の発明を過去のB社に持って行きました。そうなると、タイムマシンはB社が発明したことになってしまうでしょう。B社に先を越されたA社は、その発明を過去のA社に……となってしまった場合、結局どちらがタイムマシンを発明したことになるのでしょう。

このように、タイムマシンの存在はなかなか難しいものがあります。すべての矛盾をクリアしたタイムマシンを作ることはできるのか、ということを考えてみるのも面白いでしょう。

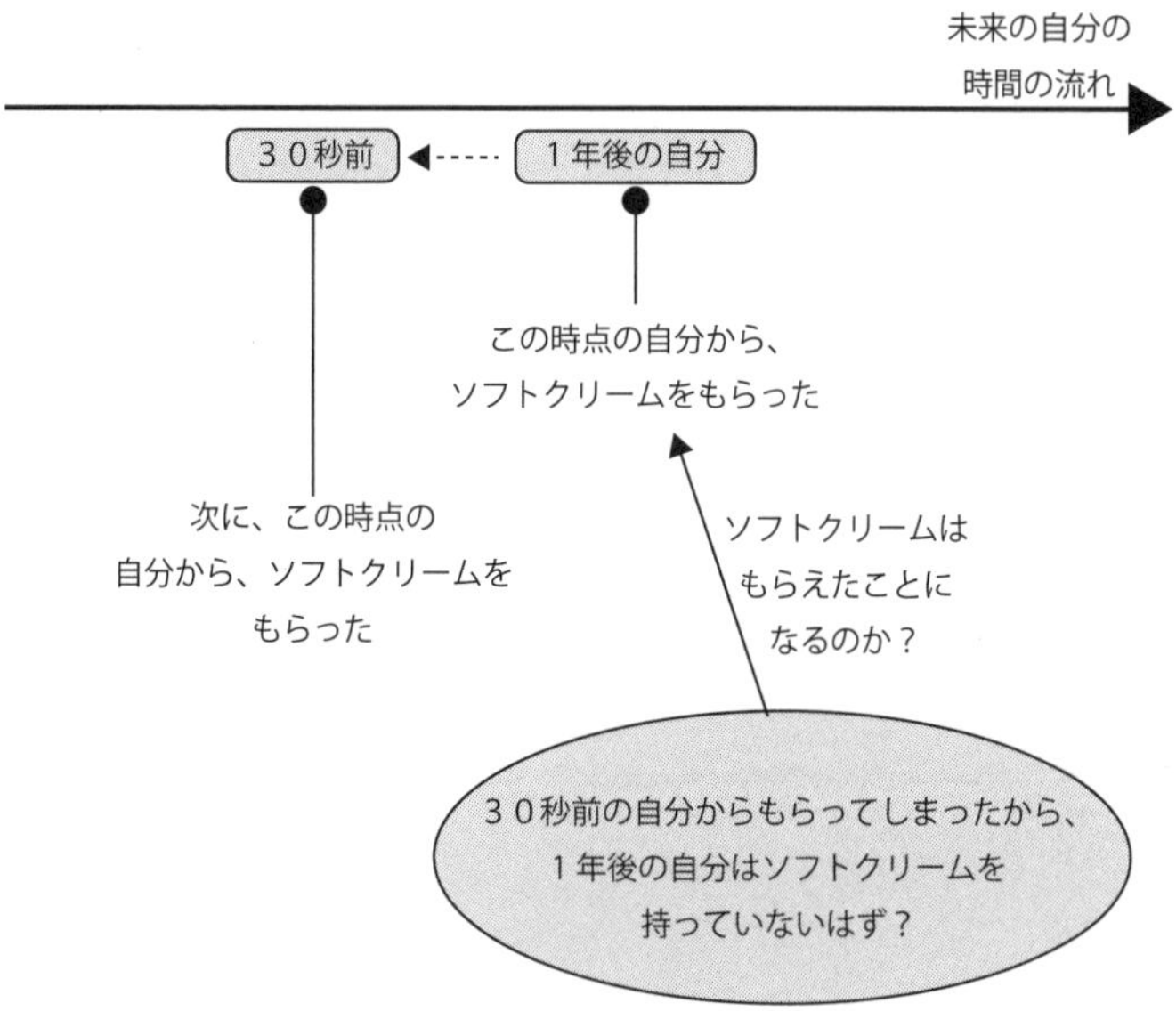
未来の自分の
時間の流れ
３０秒前
１年後の自分
この時点の自分から、
ソフトクリームをもらった
次に、この時点の
自分から、ソフトクリームを
もらった
ソフトクリームは
もらえたことに
なるのか？
３０秒前の自分からもらってしまったから、
１年後の自分はソフトクリームを
持っていないはず？

思考実験⑧

確率は同じ？　違う？
『3つの紙コップ』

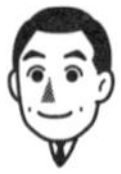

「この問題は、『モンティ・ホール問題』や『3囚人のジレンマ』として有名なんだけれど、ここにある3つの紙コップと金色のボールを使ってやってみようと思う。今回は、サクラさんという女性が選ぶとして考えてみよう。よく考えてみてほしい。」

A・B・Cの3つの紙コップがあります。この紙コップから1つを選び、そこに金色のボールが入っていたら勝利となります。仕掛け人はどれかのコップに金色のボールを入れました。
「さて、サクラさん、どのコップを選びますか？」

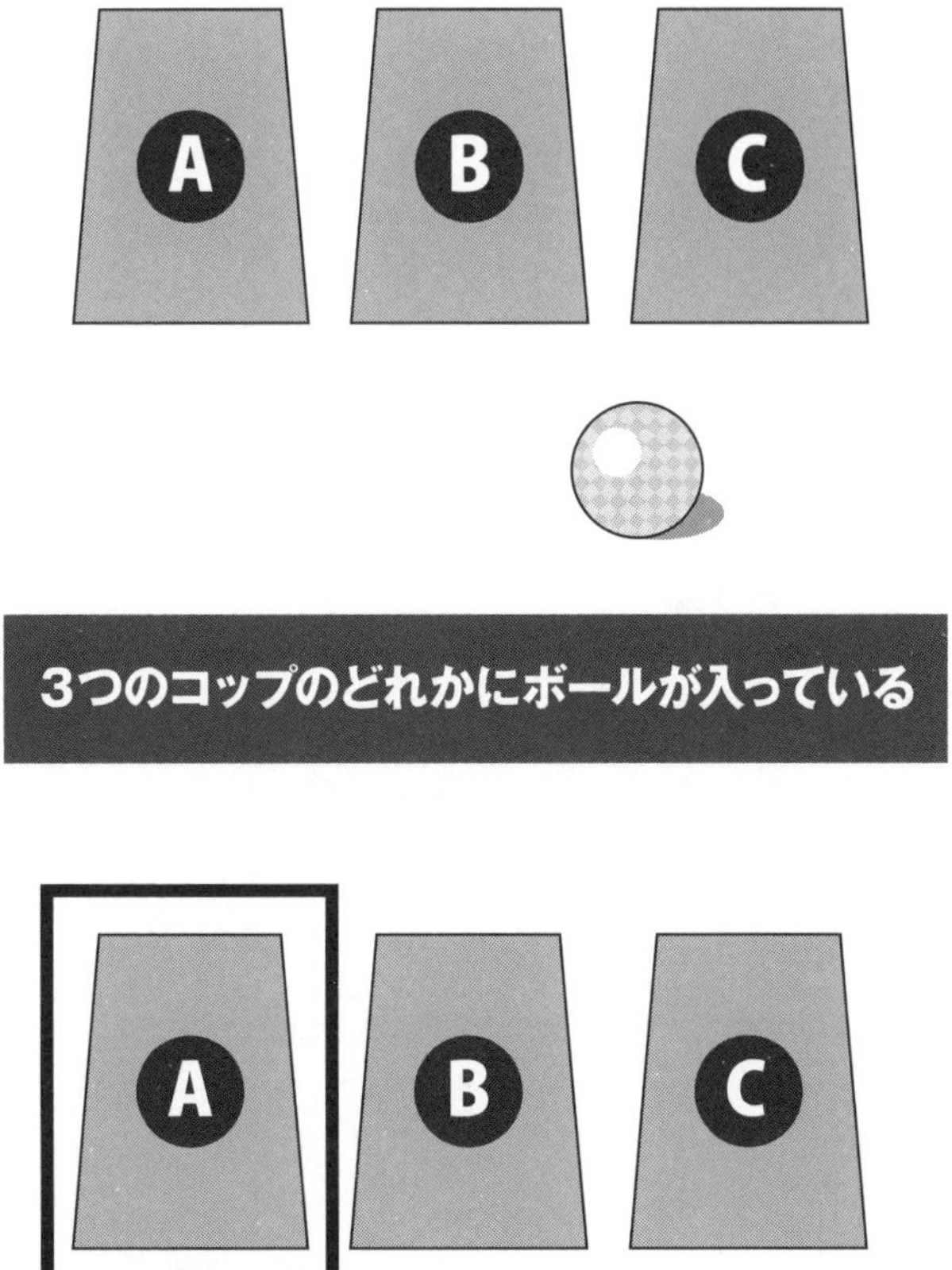
A
B
C
3つのコップのどれかにボールが入っている
A
B
C
サクラはAのコップを選択した

サクラはAのコップを選びました。

ここで、仕掛け人は、残るBとCの紙コップのうち、どちらか1つを開けます。このときのルールは次のようにします。

ルール1：金色のボールが入っていないほうを選ぶ。
ルール2：両方ともに金色のボールが入っていない場合は、コイントスでランダムに選択し、決定する。

今回仕掛け人はBの紙コップを開けました。

Bの紙コップにボールは入っていませんでしたから、ボールは選択したAの紙コップか、Cの紙コップに入っていることになります。

この時点で、サクラは、次のどちらかを選択できます。
・Aの紙コップのまま選択を変えない。
・Cの紙コップに選択を変える。
さて、サクラは選択を変えるべきでしょうか。

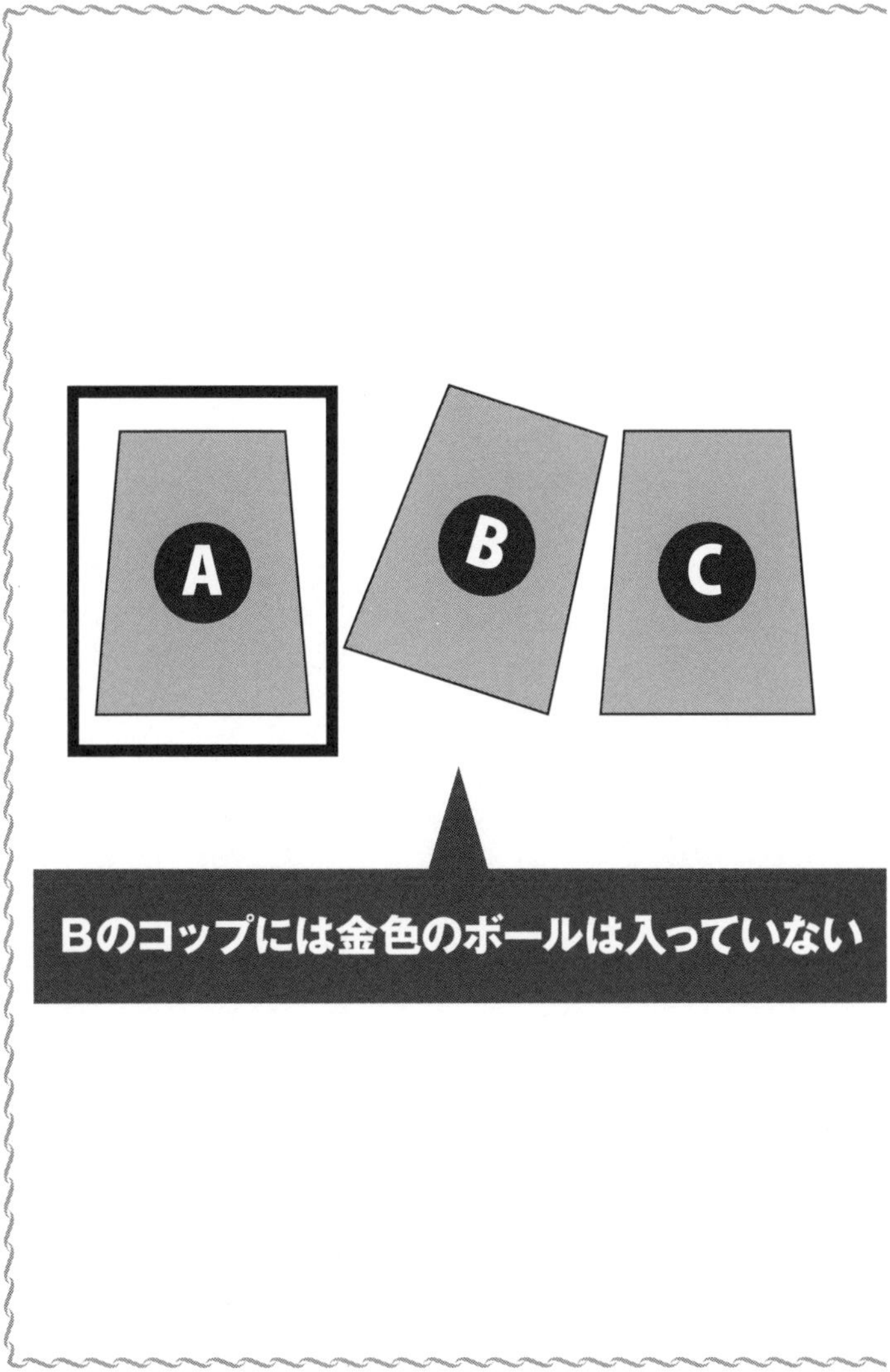
A
B
C
Bのコップには金色のボールは入っていない

この思考実験のテーマ

「モンティ・ホール問題は3つのドアから1つを選ぶのだけれど、今回はモンティ・ホール問題をより考えやすいように紙コップバージョンに変えてみたんだ。なかなかの難問だけれど、頑張ってみてほしい。このケースの場合、サクラは選択を変えるべきだと思う？」

論理的に考えていくと……

「変えても変えなくても3つの紙コップそれぞれに金のボールが入っている確率は3分の1だったんだから、変わらないでしょ。」

「最初に選んだ時の直感を信じたいわ。私なら変えないかな。」

「多分何かポイントがあるんだよ。もっと深く考えてみよう。」

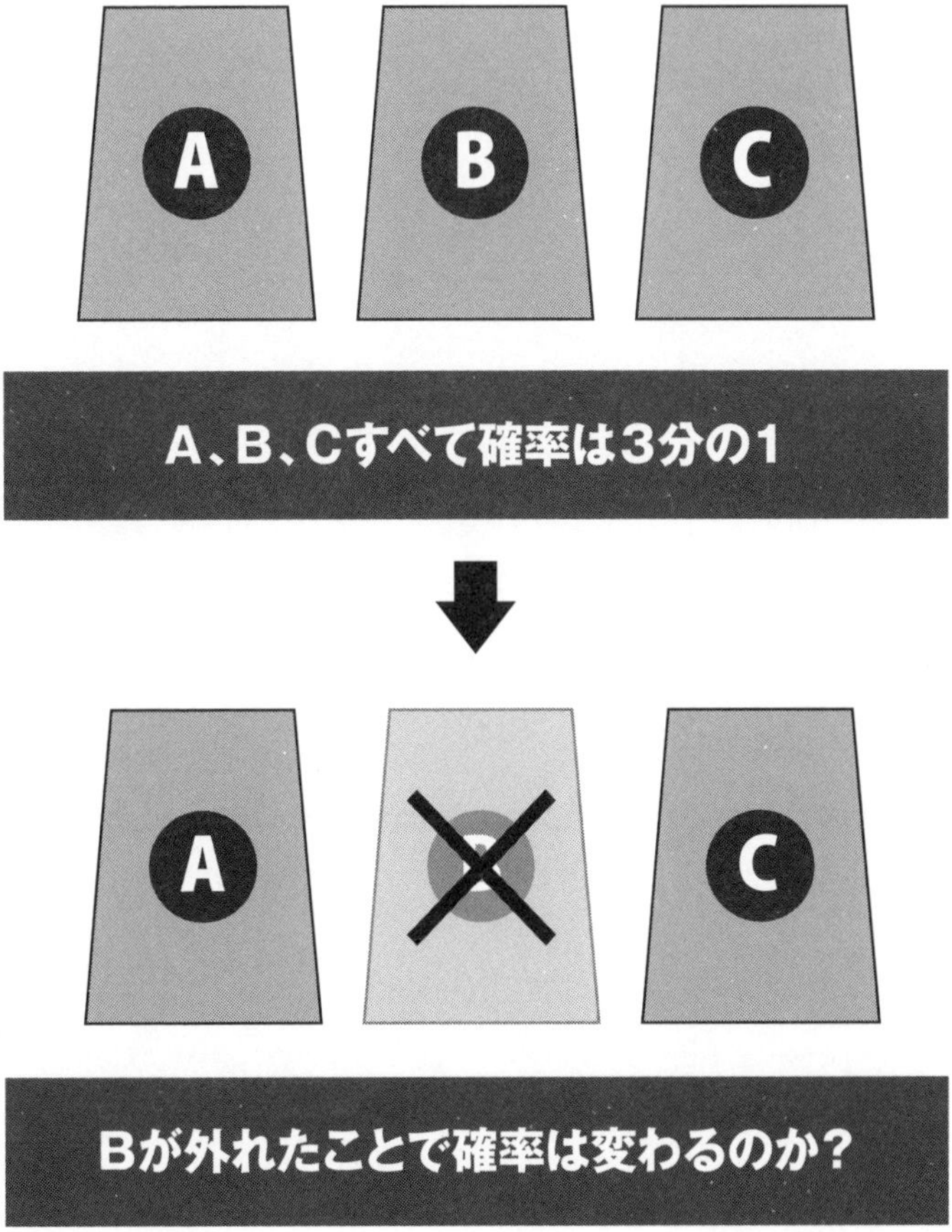
A
B
C
A、B、Cすべて確率は3分の1
A
C
Bが外れたことで確率は変わるのか？

「サクラはAを選んでいたんだよね。そこでBは外れってわかったんだ。残るはAかC。つまり確率は半々だから、どっちでもいいってことよね。」

「だよな。でもそれじゃ、わざわざ問題にするのもおかしいか〜。」

4人は3つ並んだ紙コップを見ながら考えこんでいます。2分ほどたった時、シュンがあることを提案しました。

「状況を整理してみよう。」

そういうと、シュンは教室にあったホワイトボードに、何やら書きだしました。

「だから、変えても変えなくても確率は同じよね。」

「あっ…」

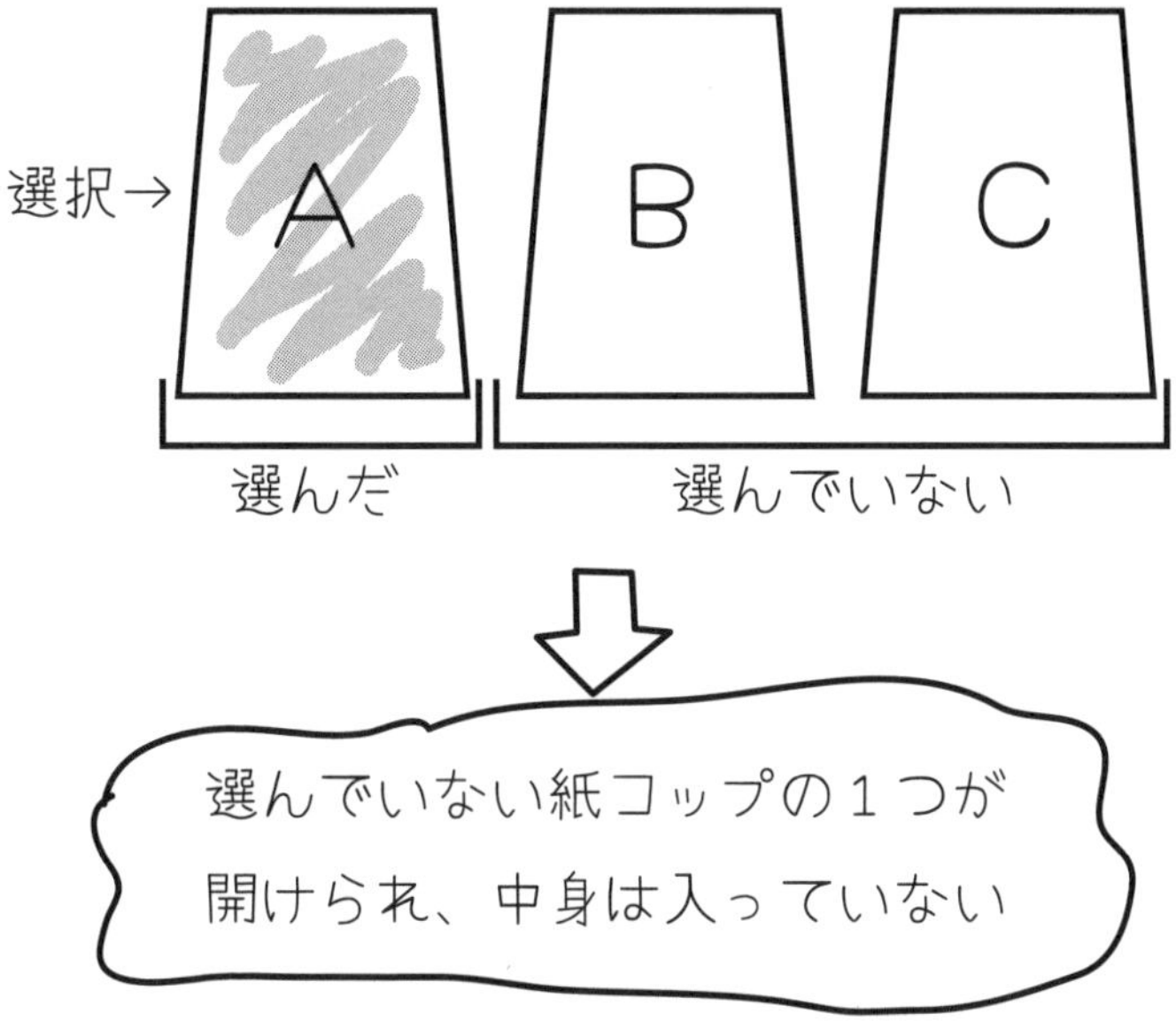
選択→
A
B
C
選んだ
選んでいない
選んでいない紙コップの１つが
開けられ、中身は入っていない

「ん？」

レイナが何かに気が付いたようです。みんなの視線がレイナに集まりました。

「シュンが書いた絵の、『選んだ』と『選んでいない』、それぞれの当たる確率は？」

「3分の1つずつ。」

「そうじゃなくて、『選んだ』のAと、『選んでいない』のB＋C。」

「3分の1と、3分の2だよね。」

「そう。それで、Bは入っていないってわかったの。だから……」

「なるほど、書き足してみよう。」

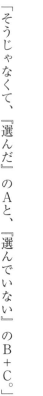

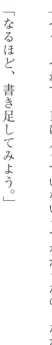

そういうとシュンはホワイトボードにまた何かを書き始めました。

「もし、なんだけど……」

レイナは少し考えながら話しだします。

「最初の質問が、ABCから1つ選べ、ではなく、Aを選ぶか、BとCの2つを選ぶか、だったらどう？」

「それならBとCの2つを選んだほうがいいだろ。2つ選んだほうが確率は高いもん。」

「確率2倍、だからね。あ、そういうことか。」

「ん？　わかんないよ。」

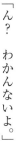

「今、Aよりも、BとCの2つのほうが確率は高いって言ったよね？」

「うん。2倍。」

「つまり、ホワイトボードの絵でいうと、『選んだ』より、『選んでいない』のほうが2倍高いよね？」

「うん。『選んだ』は3分の1、『選んでいない』は3分の2。」

「そうそう。この時点で変えていいよってなったら、どっちを選びたい？　まだBは開けてないの。」

「BかCに変える。だって金色のボールが入っている確率が2倍になるから！」

「そうよね。そこで、Bを開けたら外れってわかったの。」

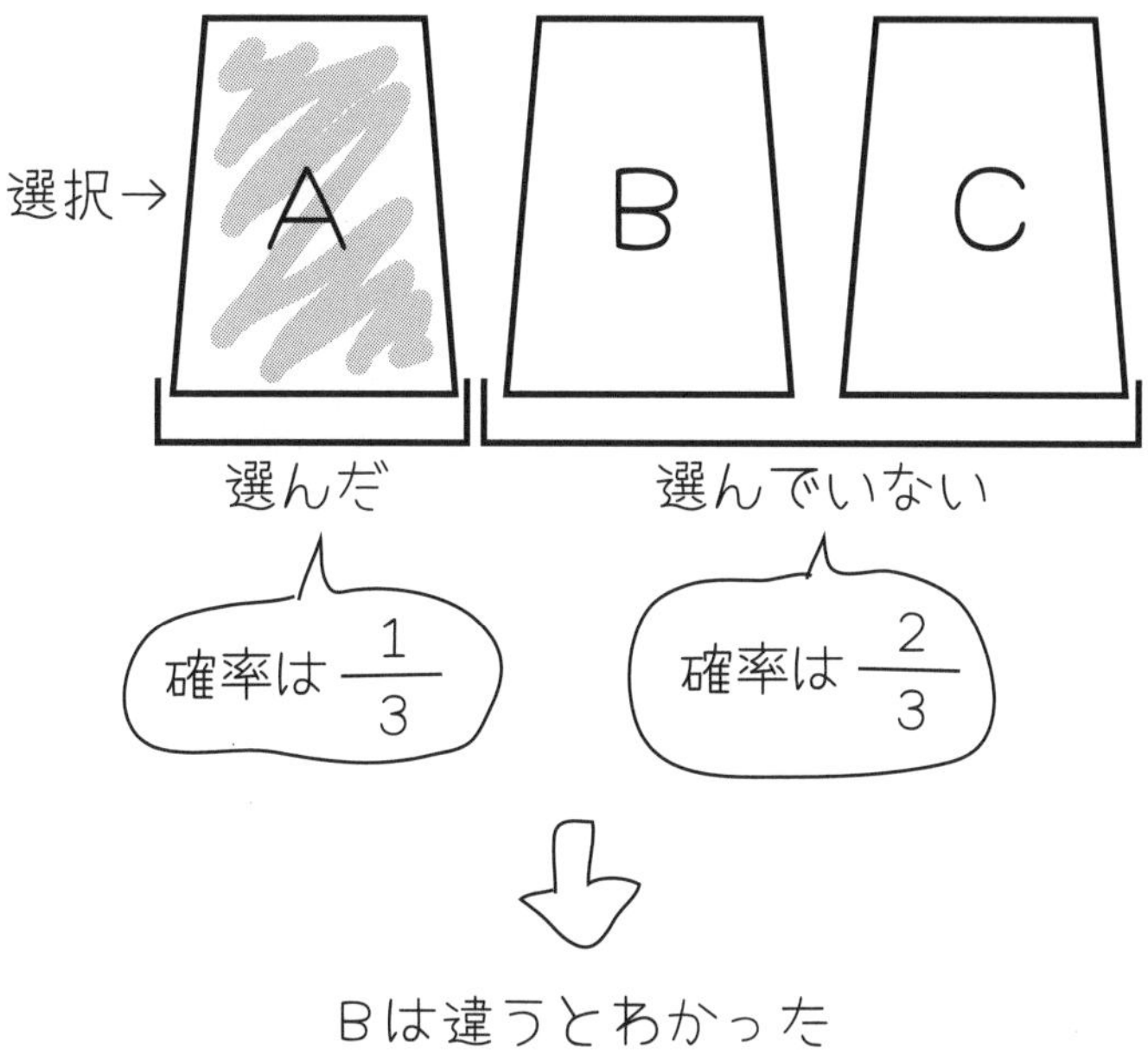
選択→
A
B
C
選んだ
選んでいない
確率は $\frac{1}{3}$
確率は $\frac{2}{3}$
Bは違うとわかった

「確率3分の2のBかCで、Bが外れだったのなら、Cに入っていそうよね。でも、本当にそうかなぁ？」

「なかなか難しいようだね。それなら紙コップ100個で考えてみよう。」

「わかりました。」

シュンはホワイトボードをひっくり返し、100個バージョンの絵を書き始めました。

「サクラは1の紙コップを選んだ。そこで、残りの紙コップを1つずつランダムに開けて、中に金色のボールが入っていないことを確認していく。結局2～56、58～100には入っていなかった。」

「それ、絶対57に入っていますよ！」

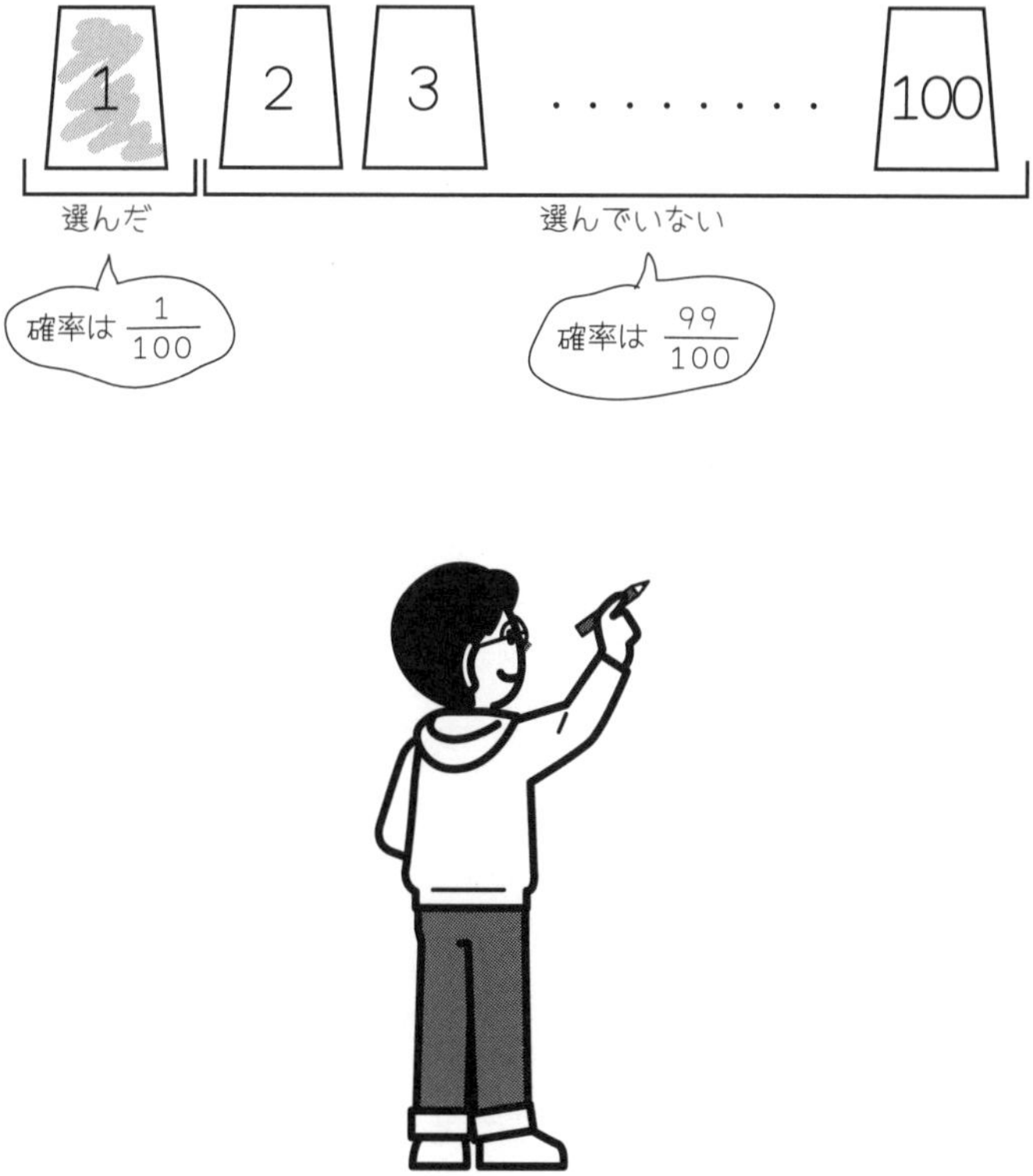
1
2
3
100
選んだ
選んでいない
確率は 1/100
確率は 99/100

「なんでそう思うんだい？」

「ホワイトボードにまとめます。」

「選んだとき、それぞれの紙コップには１００分の１の確率で金色のボールが入っているんだよね。つまり、『選んだ』ほうに金色のボールが入っている確率は１００分の１。『選んでいない』ほうに金色のボールが入っている確率は１００分の99。だから、ほとんどの場合は選んでいないほうに金色のボールは入っている。」

「選んだ紙コップが当たりの可能性は１％。99％は選んでいないほうにある。」

「そこで、選んでいないほうの99個の紙コップのうち98個を開けた。普通に考えれば、57に金色のボールが入っているに違いないと思うわよね。」

生徒たちの理解は少しずつ進んでいるようです。ここで、レイナが核心に迫ります。

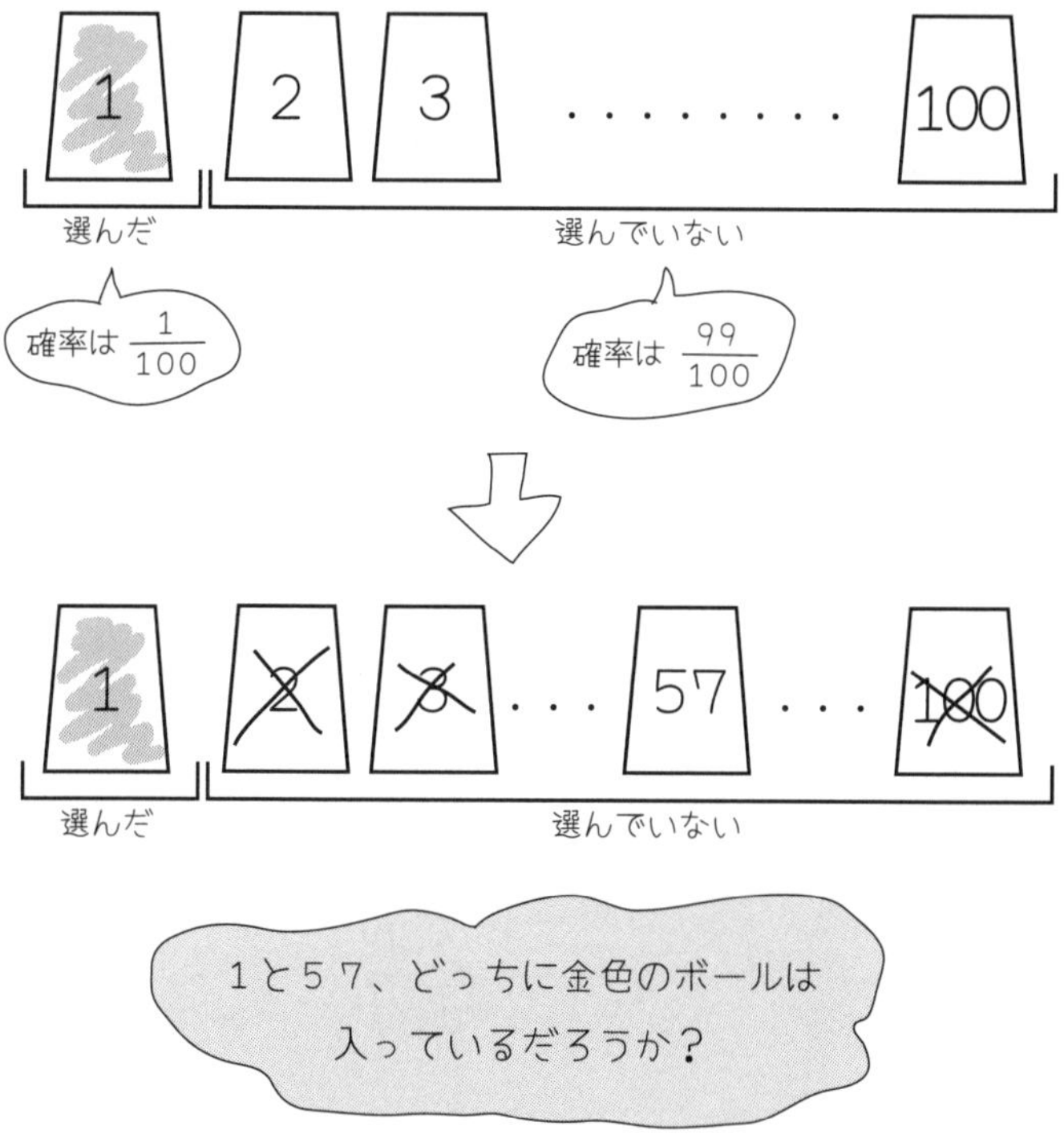
1
2
3
100
選んだ
選んでいない
確率は $\frac{1}{100}$
確率は $\frac{99}{100}$
1
2
3
57
100
選んだ
選んでいない
1と57、どっちに金色のボールは
入っているだろうか？

「これって、1番の紙コップに入っている確率は100分の1。57番の紙コップに入っている確率は100分の99なんじゃないかしら。」

「え！　そこまで違うかなあ？」

「だって、1番の紙コップは100分の1の確率。2番から100番までで100分の99だったのよね。言い換えると、2番＋3番＋…＋100番の紙コップで100分の99。どの紙コップが1個残っても100分の99は変わらないわ。」

「えっ、変わるんじゃないかなぁ？」

「じゃあ、こうしましょう。1番を選んだ時、本当は2番から100番のどこかに金色のボールが入っている場合は、そのボールを100番の紙コップに入れかえちゃう。そのことは1番を選んだ人には言わない。このとき、100番の紙コップに金色のボールが入っている確率は？」

「100分の99！」

「ホワイトボードに書こう。」

「これならわかるよ。」

「さて、57番以外開けた時と何が違うのかってことよ。この場合は、2～99の紙コップを開けるのよね。確率は100分の99よね。結局、100番を残すのか、57番を残すのかというだけの違いだわ。」

「なるほど～。難しいけれど、何となく言いたいことはわかってきたわ。」

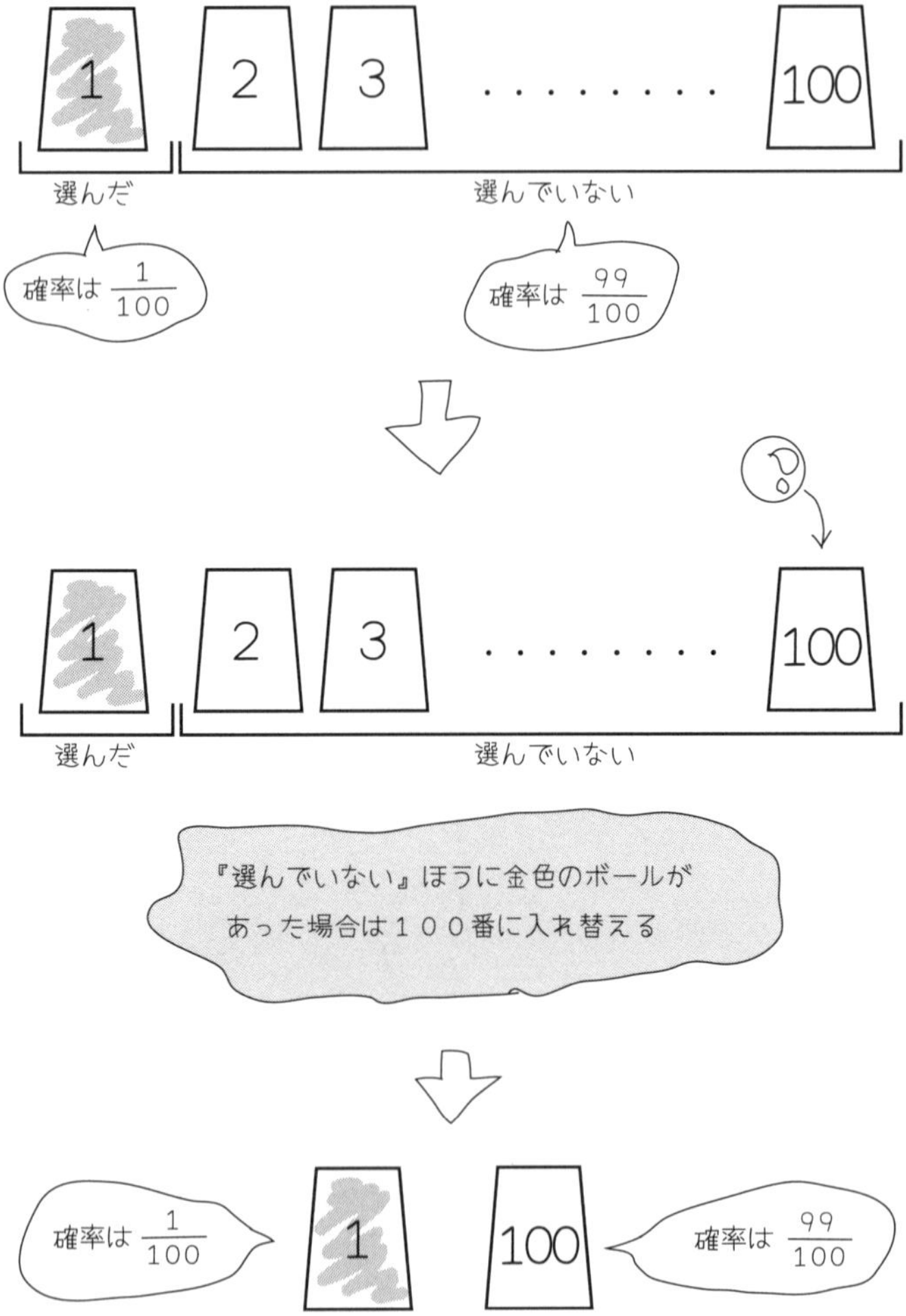
1
2
3
100
選んだ
選んでいない
確率は $\frac{1}{100}$
確率は $\frac{99}{100}$
1
2
3
100
選んだ
選んでいない
『選んでいない』ほうに金色のボールが
あった場合は１００番に入れ替える
確率は $\frac{1}{100}$
1
100
確率は $\frac{99}{100}$

読者のみなさんも一緒に考えてみましょう！

先生が出題した難問に取り組んだ4人の生徒は、工夫をしながら論理的に考えを進めていきました。それにより、最初とは違った答えが見えてきたようです。

読者のみなさんは、この問題の突破口が見えてきましたか？ 次のことをポイントに、4人に加わったつもりで考えてみてください。

1 選択を変えるべきだろうか。

2 紙コップを100個にして理解を深めてみよう。

まとめ

この問題は、モンティ・ホール問題のドアを紙コップに変えて作られています。

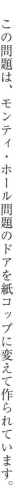

モンティ・ホール問題は、当時、モンティが司会を務めたアメリカの人気ゲームショー番組から生まれたものです。そのゲームの内容は次のようなものです。

3つのドアのうち、1つには車が、残りの2つにはヤギが配置されています。プレイヤーは車が配置されたドアを選ぶことができれば車を獲得できます。

プレイヤーのジェームズがAのドアを選びました。

ここで、司会者のモンティがプレイヤーに揺さぶりを掛けます。

「さて、ジェームズさん、あなたはAのドアを選びました。ここで選ばなかったBとCのうち、片方を開けます。」

モンティはBとCのドアのうちBのドアを開けました。もちろんそこにはヤギが配置されています。

モンティは開くドアを決める時、次のルールで決めています。

・ヤギがいるドアを選ぶ。
・2つともヤギの場合はランダムに決定する。

モンティは続けます。

「ジェームズさん、今ならCのドアに選択を変えることができます。どうしますか？」

プレイヤーはドアの変更ができることを告げられ、そのままAのドアを選択するか、変更してCのドアにするかを選ぶことができます。

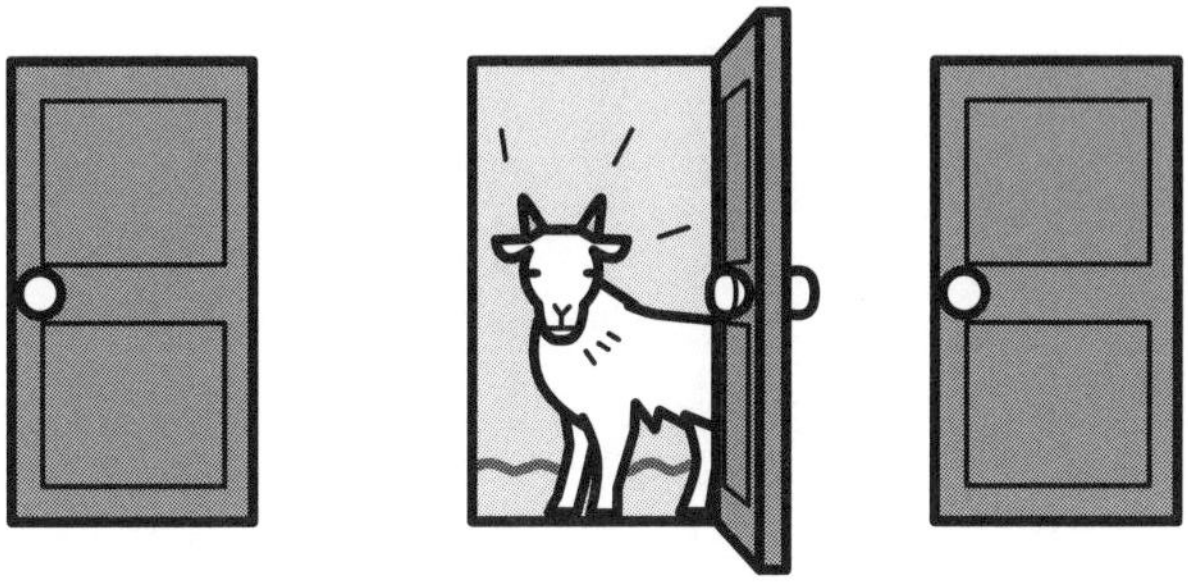

この番組では、多くの人が最初に選んだドアのまま選択を変えませんでした。直感を信じてダメなら仕方がないが、モンティの揺さぶりで選択を変え、ヤギを選んでしまったら悔しいから、という理由が多かったようです。

あるとき、非常に高いＩＱを持つマリリン・ボス・サヴァントという女性が連載する人気コラム「マリリンにおまかせ」に、この問題が取り上げられました。

その内容は、ドアを変更すると確率は2倍になるというものでした。直感と異なる内容に多くの反論が集まり、その中には数学者など、数に詳しい学者たちも含まれていました。結局、軍配はマリリンに上がりました。確かに確率は2倍になると結論付けられたのです。

このことから、『モンティ・ホール問題』とか『モンティ・ホールのジレンマ』と呼ばれ、直感と実際の確率が異なる例として有名な問題となりました。

ここで、ドアを紙コップ、車を金色のボールに置き換えて『モンティ・ホール問題』を考えてみます。まず、視覚的にわかりやすくして、全パターンを洗い出してみましょう。

148～149ページの絵を見てください。選択を変えなかった全パターンです。この絵のように、選んだ紙コップに金色のボールが入っている確率は3分の1（9分の3）です。

次に、1つの紙コップを選択し、残りの紙コップ2つのうち、外れである1つを開きます。（モンティ・ホール問題では、モンティが選択されなかったドアのうち、外れのドアを開きます）そして、選択した紙コップの代わりに残った紙コップを選択した場合を考えてみましょう。150～151ページの絵を見てください。

今度は、開いた紙コップに金色のボールが入っている確率は3分の2（9分の6）です。

以上のことから、確率的には変更したほうが金色のボールが入っている可能性は上がるということがわかります。

選択を変えなかった場合の全パターン

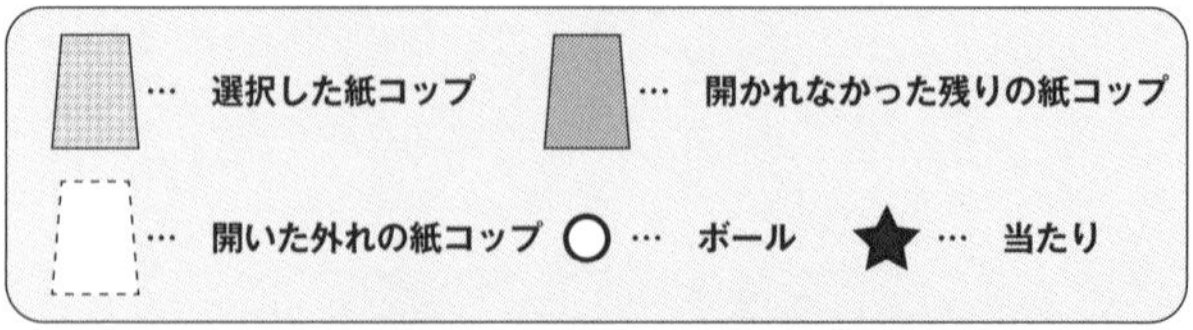

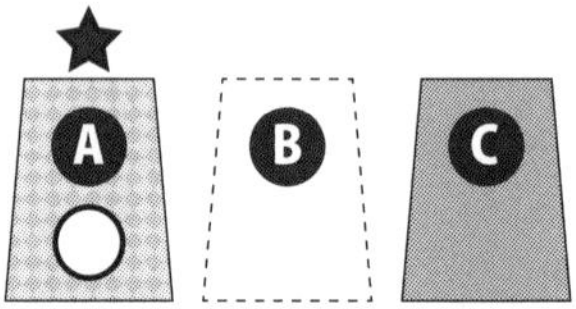

Aを選択してAに金色のボールがある

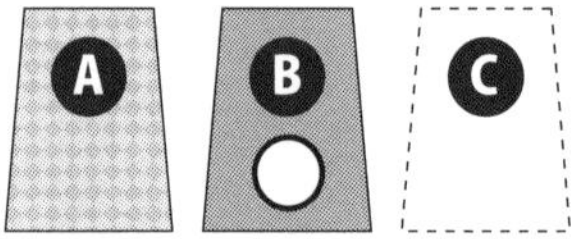

Aを選択してBに金色のボールがある

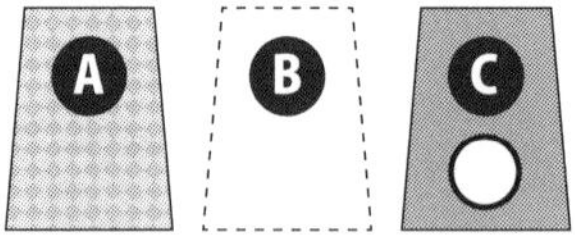

Aを選択してCに金色のボールがある

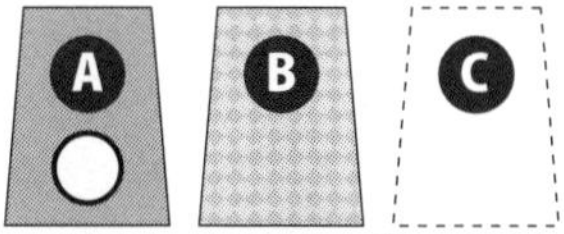

Bを選択してAに金色のボールがある

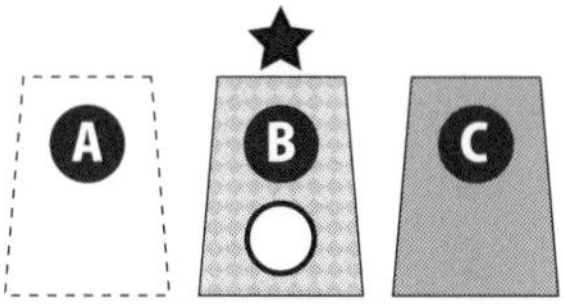

Bを選択してBに金色のボールがある

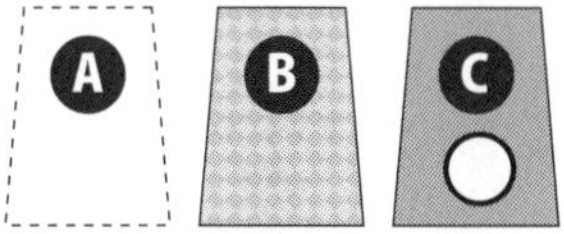

Bを選択してCに金色のボールがある

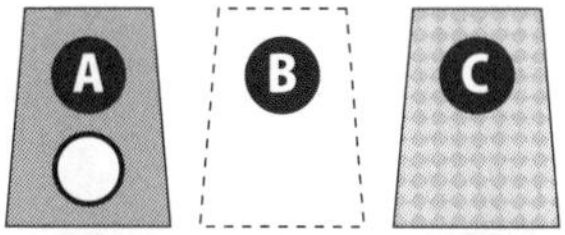

Cを選択してAに金色のボールがある

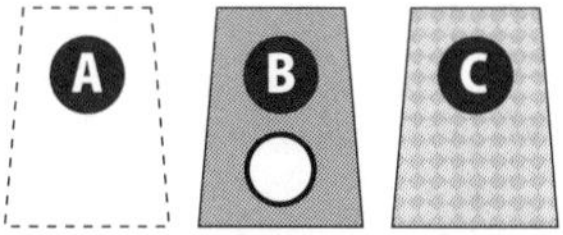

Cを選択してBに金色のボールがある

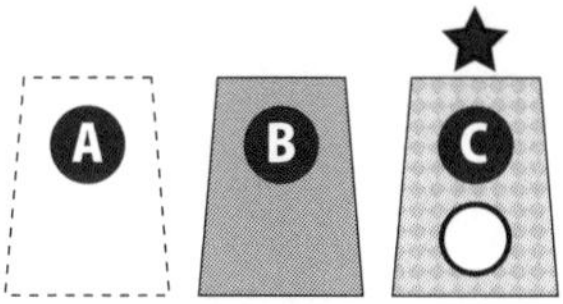

Cを選択してCに金色のボールがある

選択を変えた場合の全パターン

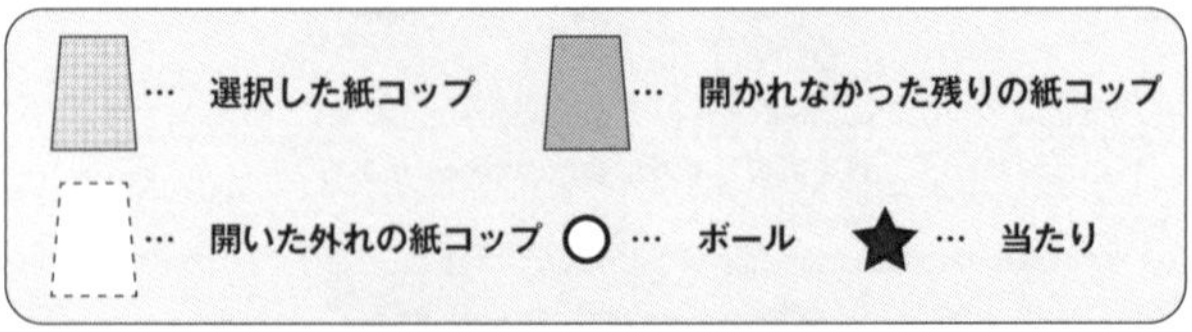

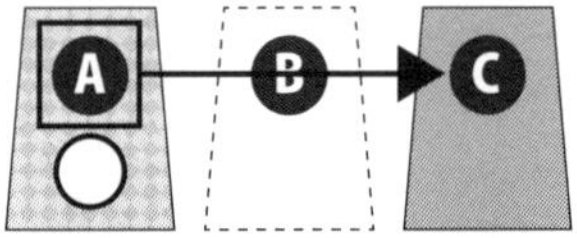

Aを選択し、選択を変更してAに金色のボールがある

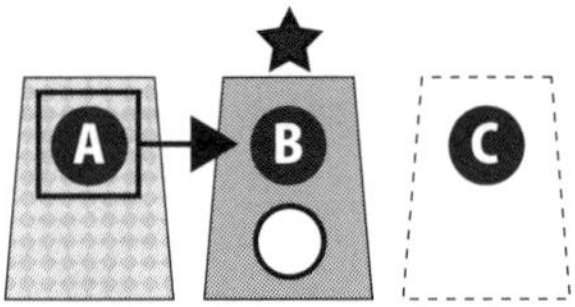

Aを選択し、選択を変更してBに金色のボールがある

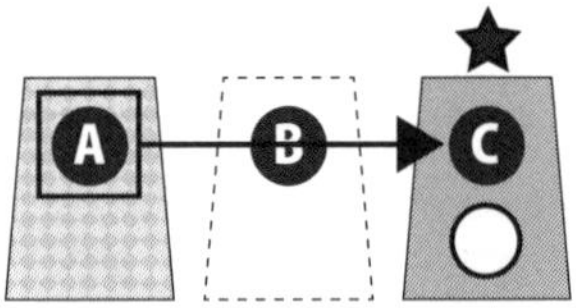

Aを選択し、選択を変更してCに金色のボールがある

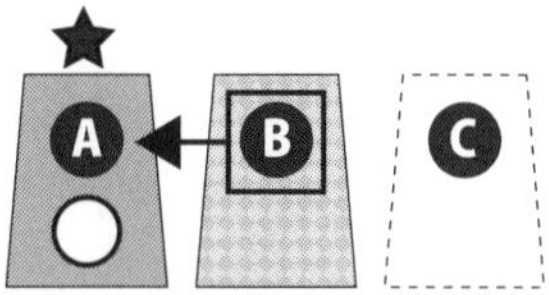

Bを選択し、選択を変更してAに金色のボールがある

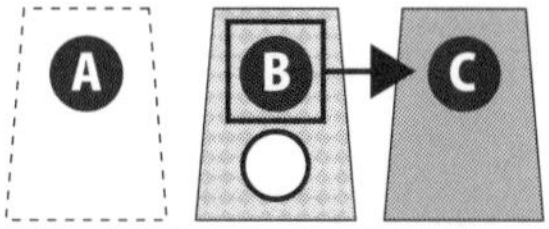

Bを選択し、選択を変更してBに金色のボールがある

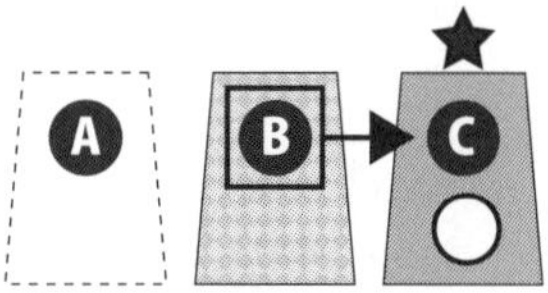

Bを選択し、選択を変更してCに金色のボールがある

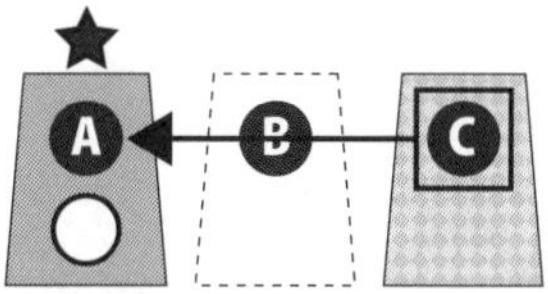

Cを選択し、選択を変更してAに金色のボールがある

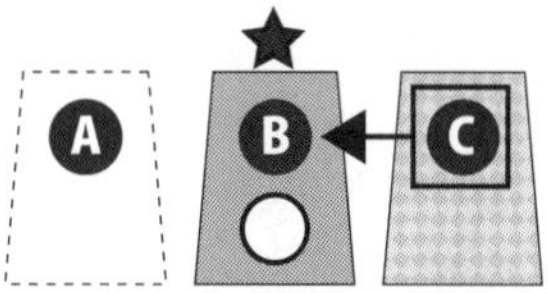

Cを選択し、選択を変更してBに金色のボールがある

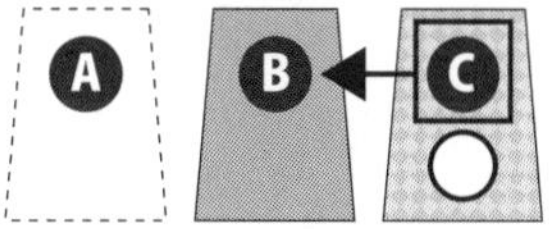

Cを選択し、選択を変更してCに金色のボールがある

思考実験⑨

モノが無限に増え続けたら……？『バイバイン』

「みんなも知っているドラえもんのひみつ道具のひとつに『バイバイン』というものがあるのを知っているかな。振りかけるだけで、モノを倍々に増やしてしまう道具だよ。そのバイバインに関する思考実験をやってみよう。」

ドラえもんのひみつ道具「バイバイン」。たとえば、どら焼きにこの液体を一滴垂らすと、5分後、どら焼きは倍の2個になります。その5分後にはさらに倍の4個に、さらに5分後には8個に増えます。ただし、食べればなくなってしまい、8個に増えたときに8個すべてを食べきればバイバインの効果は消滅します。

漫画では、のび太が栗まんじゅうにバイバインを使用し、増やしてから食べていました。最初は早く増えないかと待ち遠しくしていましたが、だんだん増えるスピードに食べるスピードがついていけなくなります。周囲の人に食べてもらいますが、それ

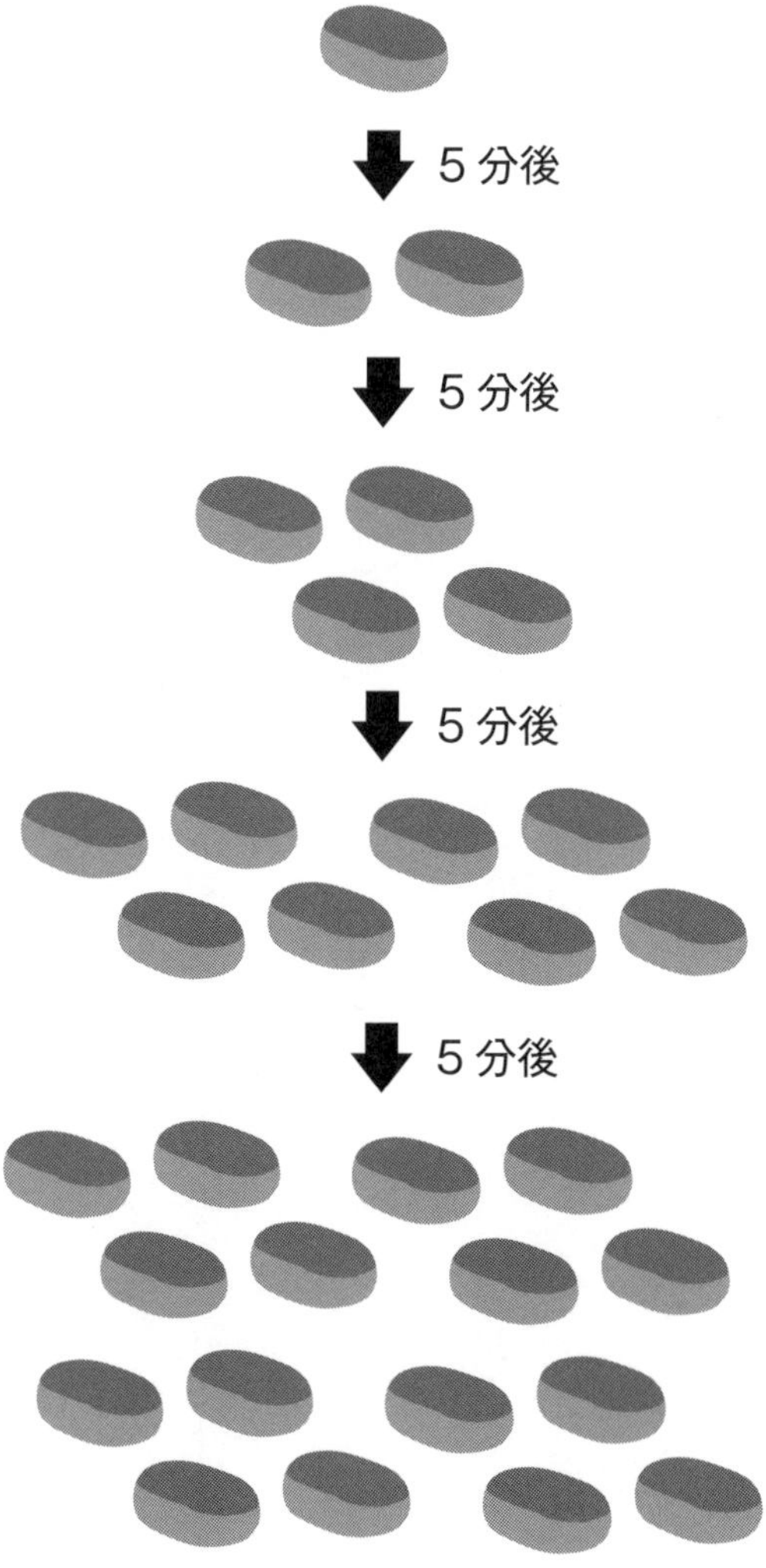

でも増え続ける栗まんじゅう。

ついにはドラえもんから、絶対にしてはいけないと言われていたことをしてしまいます。それは、食べきるのをあきらめて放置してしまうこと。のび太は栗まんじゅうを家の裏にあるゴミ箱に捨ててしまったのです。その後も栗まんじゅうは増え続け、ゴミ箱からあふれるほどの量になりました。

ドラえもんから、もし放置したとしたら大変なことになると聞かされたのび太は、栗まんじゅうを捨てたことを白状します。

ドラえもんはごみ箱からあふれ出している栗まんじゅうを見つけ、完食は不可能と判断して、栗まんじゅうを風呂敷に包み、ロケットで宇宙に飛ばしました。

「話はここまでなんだけど……。」

「はい。栗まんじゅうは無事宇宙に旅立ったわけですね。」

「うん。でも、これでいいと思う？」

「え？」

「このままじゃ世界が栗まんじゅうに押しつぶされちゃうから、ドラえもんは宇宙に栗まんじゅうを飛ばしたんだよな。……いいんじゃないかなぁ？」

「宇宙でも栗まんじゅうは増え続けるんでしょうか。でも宇宙なら広いから栗まんじゅうくらい大したことではないような気がします。あ、でもどうだろう……？　ずっと増え続けるんだから……。」

「そうだ。そこを考えてみてほしい。」

さて、宇宙に飛ばされた栗まんじゅうは宇宙を埋め尽くすほどに増殖するのでしょうか？

この思考実験のテーマ

「小型ロケットで宇宙に飛ばされた倍々に増え続ける栗まんじゅう。宇宙に到着した後、この栗まんじゅうはどうなるのだろうか？」

論理的に考えていくと……

「宇宙って果てしなく広いんでしょう？　栗まんじゅうがどんなに増えたって平気のはずよね。だって、栗まんじゅうなんて、食べようと思えば一口で食べられるくらいの大きさでしょう？」

「そもそも宇宙って広さの制限があるのかしら。無限じゃないの？」

「宇宙って今も広がり続けているんだって。ということは無限じゃないわけだ。」

「まずは、栗まんじゅうがどう増えていくのか考えてみようよ。」

「ええっと、5分後に2個になって、10分後に4個、15分後に8個、20分後に16個……。まだお皿に乗る数ね。」

「60分後まで計算したら4096個になったわ。」

「えっ、急に増えたわね。もう絶対食べきれないわ……。」

「2時間後になると、1677万7216個！　3時間後になると687億1947万6736個だ。」

「増えすぎてる。ええっと……こうなるとお手上げよね？　どのくらいの数なのか想像も難しいわ。」

「地球に70億人いると考えて、１人10個くらいということだよね？　もし宇宙に飛ばさなかったとしても、配ってくれればギリギリ消化できるかな？　５分後には１人20個になっちゃうけど。」

「４時間後になると、２８１兆４７４９億７６７１万６５６個！」

「うん？　兆の上の桁なんて知らないよ！　たった4時間でそんなに増えてしまうの？　それなら1年もしたら大変なことになりそう。」

「兆の上の桁は京よ。ちょっと調べてみたけれど……。この調子で計算していくと、９時間も経つと地球よりも重くなって、12時間で太陽を突破、１日もあれば宇宙を栗まんじゅうが埋め尽くすことだってあるかもしれない。」

「たった１日で宇宙が栗まんじゅうで埋まっちゃうのか！　バイバインって怖いな。」

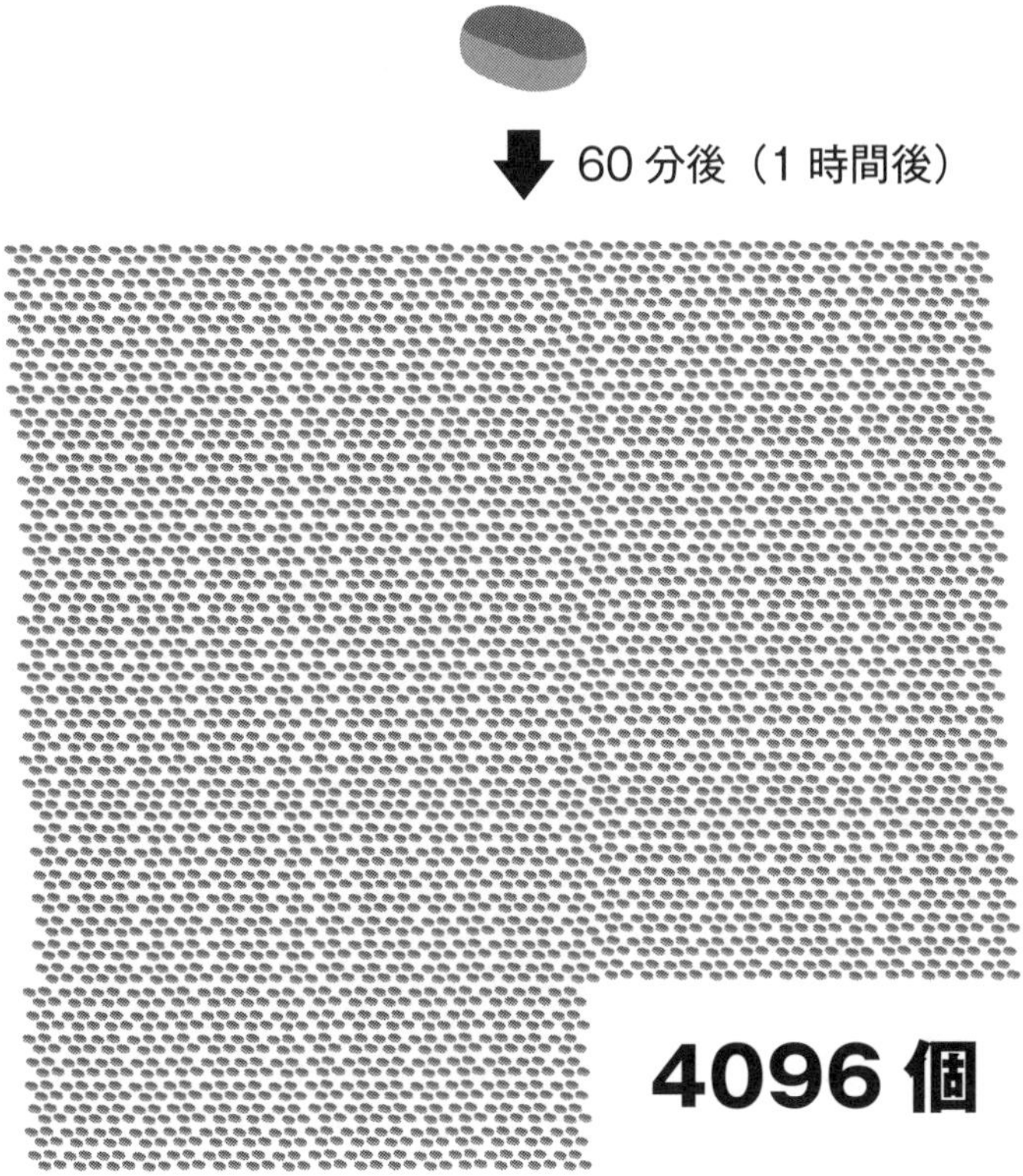

60 分後（1 時間後）
4096 個

「でも、救いはあるよね。バイバインの効果は食べることで失われるんだ。」

「でも、食べずに宇宙に行っちゃったわよ。」

「食べることで増えなくなるのはどういうことなのかって考えてみようよ。」

4人はバイバインの特性について考え始めました。

「食べたら増殖が止まるってことは、消化液で消化されるってことかな?」

「かみ砕くこと、つまり小さくすればいいのかもしれないわよね。」

「包丁で2つに切るだけでも止まったりして。」

「それじゃあ、宇宙に飛ばす必要もないじゃない。でも、飛ばしちゃったわけだから……。」

「地球から宇宙に抜ける大気圏離脱の衝撃に栗まんじゅうは耐えられるのかな？」

「そもそも風呂敷で飛んで行っているというのもビックリだけど、今回は無事宇宙にたどり着いているとして考えましょう。」

「もし、栗まんじゅうが太陽の熱に焼かれれば、黒コゲになって分裂はストップするんじゃない？」

「宇宙ゴミとか石にぶつかれば形が変わるからやっぱり分裂しなくなりそうね。ほかにもいろいろ考えられそうだわ。」

「もし、バイバインに改良を加えるとしたら、どういう改良だろう？　考えてみよう。」

「増殖の最大回数が決まっていれば宇宙は埋め尽くさないよな。」

「タイム風呂敷とか、過去に遡れる道具まであるくらいだから、分裂する前に戻す薬は作れるんじゃないかしら。」

「バイバインをもう一回かければ止まるとか、何か止める方法がないと危なすぎるから、それもセットで販売しておくべきよね。」

読者のみなさんも一緒に考えてみましょう！

先生と4人が、栗まんじゅうのその後について論理的に話し合った結果、栗まんじゅうは恐ろしい数にまで増え続けるかもしれないという結論に達しました。一方で、それほど増えずに無くなってしまうという考え方も見つかったようです。

読者のみなさんは、バイバインをどう考えますか？　次のことをポイントに、4人に加わったつもりで考えてみてください。

1 増え続ける栗まんじゅうは宇宙を埋め尽くすのだろうか。

2 食べることでその効果を失うバイバイン。それならば宇宙で増え続けるのだろうか。

3 バイバインは、どうすればもっと安全な道具になるだろうか。

まとめ

バイバインは、１９７８年『小学三年生』の2月号に掲載された物語です。単行本ではドラえもん17巻の第1話に収録されています。この話の中に出てくるひみつ道具「バイバイン」で、増えすぎた栗まんじゅうを宇宙に飛ばすという奇抜なラストシーンが描かれ、栗まんじゅうのその後について考察する人が複数現われました。

現在わかっている宇宙の大きさを元に計算をしたり、栗まんじゅうがブラックホール化するのではないかと予想したりと、さまざまな視点で考えられています。

振りかけると5分ごとに倍になるという、ただそれだけの設定からここまで話が膨らんでいくところに面白さが感じられる思考実験ですね。

思考実験⑩
助ける義務はある？
『バイオリニストと特効薬』

「もし、こんなあり得ないボランティアがあったらどうするかな？」

ある秋の日の夕方、あなたはバスで移動していました。少し疲れていたせいか、すっかり眠ってしまいました。それからずいぶん時間がたったころ、あなたはようやく意識を取り戻します。

目が覚めると、あなたはベッドに横たわっていました。耳を澄ますと、見知らぬ人たちが会話をしています。

「病院のデータを見たんだ。探し出すのに苦労したよ。あの人なら大丈夫。」

「これで彼は助かるな！」

あなたが目を覚ましたことに気が付くと、男が近づいてきました。

「救世主ですよ。あなたは。」

よく見ると、あなたの横にはもう1つベッドがあり、そこには1人の男性が横たわっています。そして、その男性とあなたはチューブで繋がれているではありませんか。あなたは驚きの声をあげます。

「なにこれ……！　早く外してください。ここはどこですか。」

「それはできません。」

そう言うと、男性は静かに語りだしました。

「彼は数々の賞を受賞した世界一のバイオリニストなんですよ。それなのに不幸にも病気で長くは生きられない体なんです。今、あなたと繋がることでなんとか延命しているんです。」

「え？　どういうことですか？　私はすぐに帰りたいのですが。」

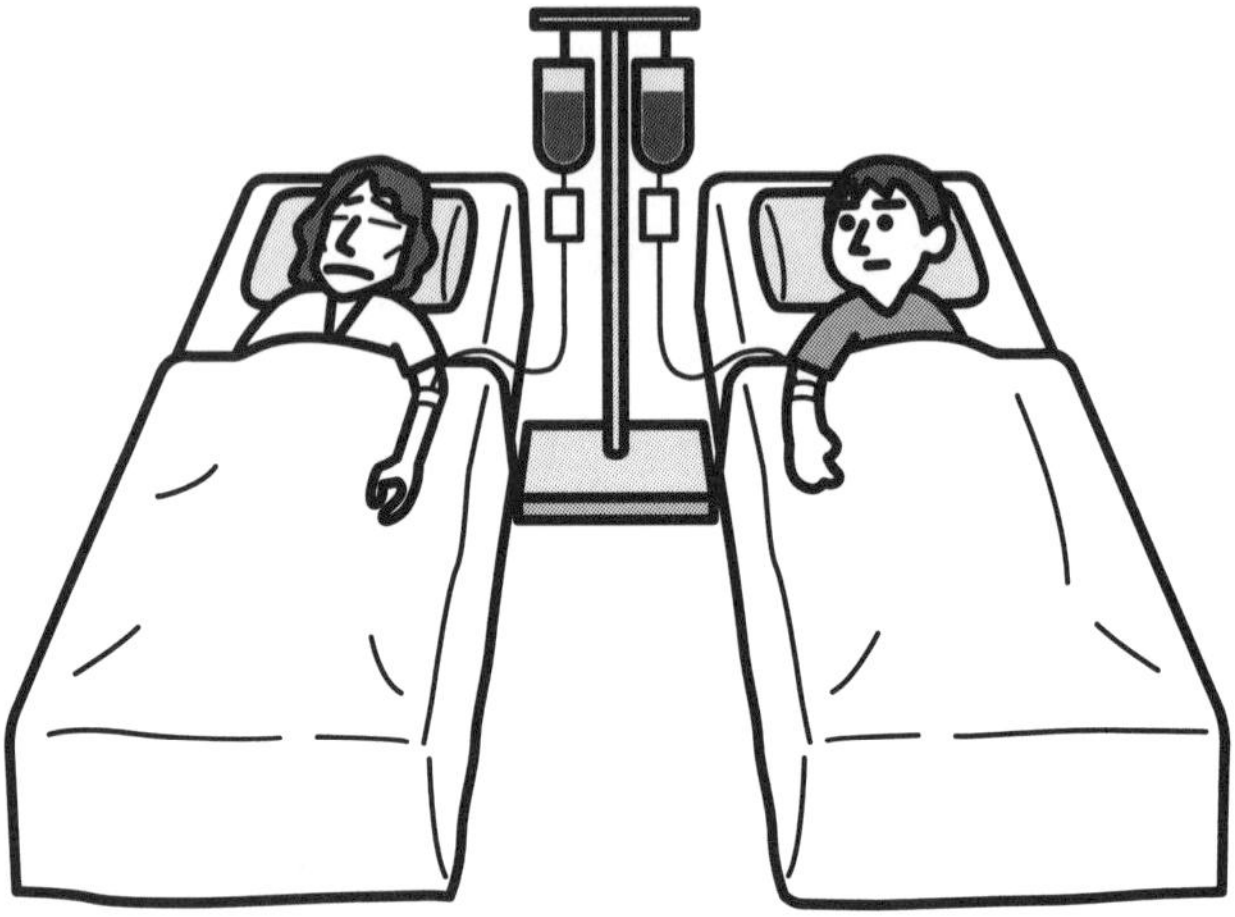

「それは困ります。あなたは世界一のバイオリニストと同じ珍しい血液型で、あなたでないと彼は助けられないのです。今、彼のための薬を開発していて、いいところまで行っているのです。あと9カ月で特効薬が出来あがり、バイオリニストは助かります。それまでの辛抱です。」

あなたはバイオリニストを助ける義務があるのでしょうか？

この思考実験のテーマ

「お話の中の〝あなた〟は、9カ月の間、チューブに繋がれた状態で、バイオリニストを助けるという義務はあるのだろうか？　今回は無償で助けるかどうかということで、報酬を受け取ることはできないとして考えてほしい。」

論理的に考えていくと……

「あくまで、ボランティアってことね。うーん、迷うなぁ。」

「助ける必要はあると思う。だって、人ひとりの生死が関わってるんだよね。放っては置けないよ。」

「そうよね。」

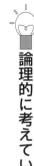

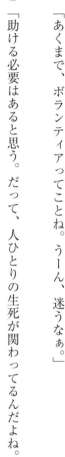

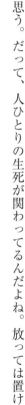

バイオリニスト
チューブ
あなた
あなたには、バイオリニストを
助ける義務はあるのか？

「うーん、でも、長いな……。9カ月って。その間みんなからいろいろ遅れちゃいそう。お風呂も好きに入れないわけだし、苦痛だよね。」

「この問題ってさ、義務はあるのかって聞いてるんだよな。さすがに義務まではないんじゃないかな？」

「でも、それだとバイオリニストを見殺しにしてもいいってことにならない？　せっかく生きてるのに。」

「やっぱりこう、報酬があってそれで納得したならっていう取引のほうが自然じゃないかなぁ？　いきなり助ける義務があるって言われても困るよ。やりたいことがいっぱいあるんだし。」

「ちょっと冷たいんじゃない？」

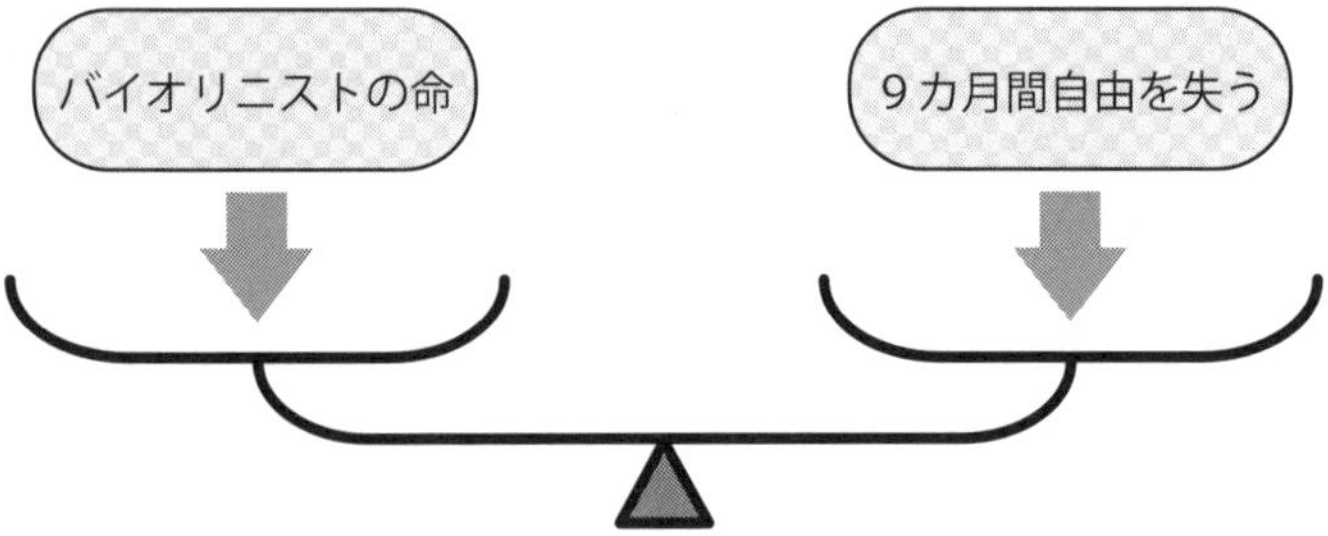

この2つをどう比べればいいだろう？

「いや、だってさ、バイオリニストを助けた次の瞬間、世界一のピアニストが別の病気で9カ月って言ったらどうするのさ？　みんな助けるのか？　義務があると言われても、やっぱり困るよ。」

先生は4人の様子を見ながら、こんな提案をしました。

「バイオリニストを助ける義務がある組、義務はない組に分かれて話し合ってみようか。」

「はい。私は助ける義務はない組に行こうかな。」

「それじゃ、ボクとレイナが助ける必要があるほうで、マユとユウマは助ける必要はないほうとして話し合ってみようか。」

「わかったわ。」

バイオリニストを助ける義務がある組、義務はない組に分かれた4人はそれぞれの意見を話し合います。

「一番大切なポイントは、人ひとりの生死が関わっているということ。助かる方法があるのにそれを拒否するのはどうかと思う。」

「助けられるのは自分しかいないのだから、他の選択肢がないよね。」

「それであっても、助けなければいけないってことはあるのかな。しかも無償、つまりボランティアで。」

「オレは助ける義務はないと思う。たとえば、1人の人が助かるからって、今日から9カ月間無休で働けって言われたらどう思う？　なんでオレ？ってならない？」

「なんで、とは思うね。でも断れるかな。断れないんじゃないかな。人の命はそれほど大切

だから。」

「義務って言われたらどうかな。当然報酬もゼロだし当たり前のことだからって言われたとしたら、やっぱり違うなって思うよ。」

「うーん、それは嫌だね。助けてあげられたんだっていう気持ちは持たせてほしいなぁ。」

「確かにそうかもしれない。それでも、見殺しがいいとは思わないわ。今回のバイオリニストの話だと、自分しか助けられる人はいないのよ。そこを助けないっていうのは人としてやっぱりダメなんじゃないかしら。」

「もし、助けずに帰るという選択をした場合、自分でチューブを引き抜くわけだよね。自分がそれをしたことでバイオリニストが死ぬと考えたら、怖いね。義務だからじゃなくても、チューブを引き抜くことに対して強い抵抗があって、9カ月耐えればいいのだからと、やむなく助けるほうを選択してしまう場合もありそうだね。」

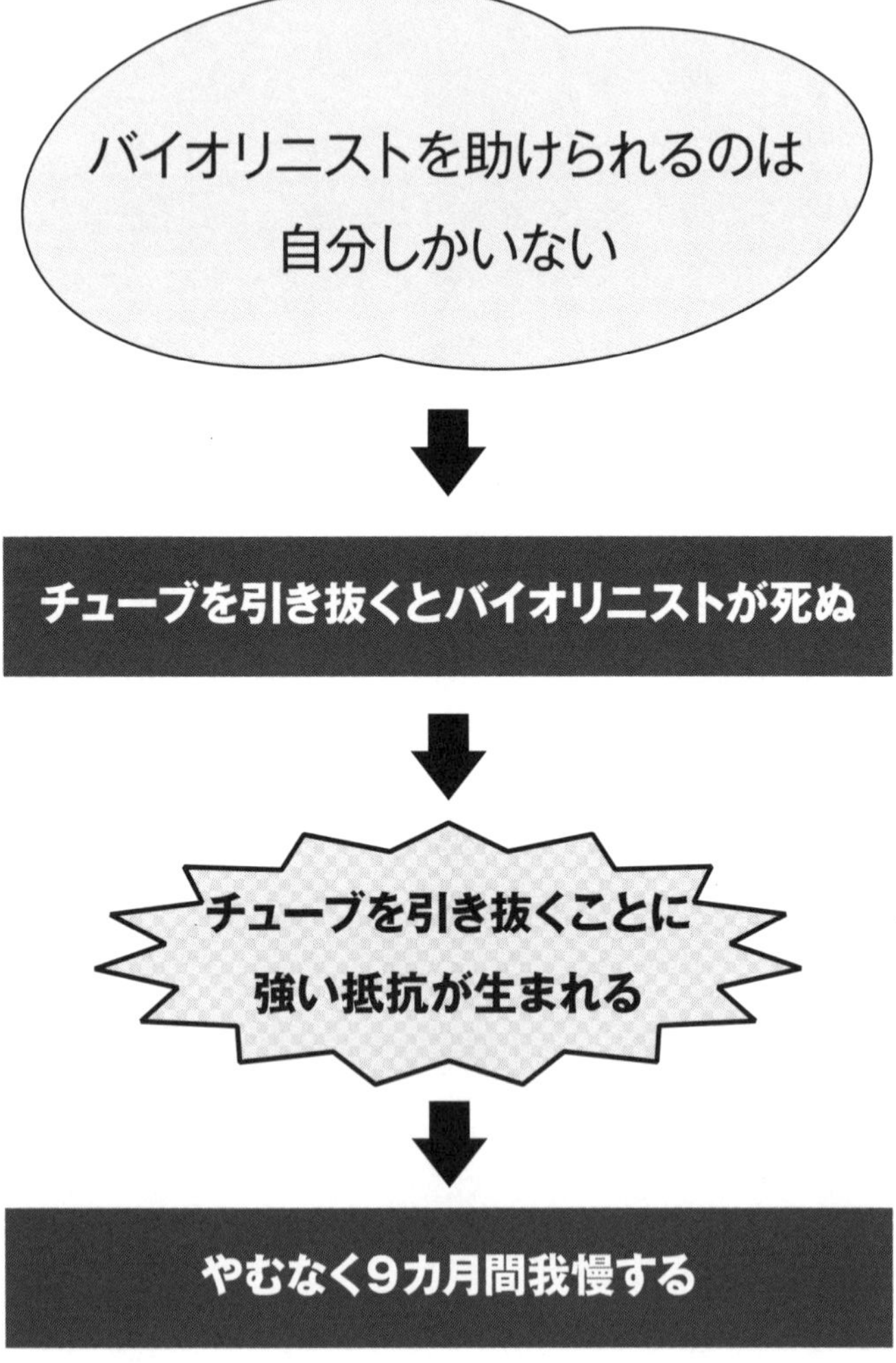
バイオリニストを助けられるのは
自分しかいない
チューブを引き抜くとバイオリニストが死ぬ
チューブを引き抜くことに
強い抵抗が生まれる
やむなく9カ月間我慢する

「義務とは別の問題になってくるわね。」

「確かにいろいろと考えていくと、義務っていうのはおかしいのかな。バイオリニストを助けたいという心で助けるし、助けなきゃって思うけれど、それを義務として助けなければいけないと考えると疑問が出てくるね。」

「助けないという選択肢も否定されるものじゃないと思う。チューブで繋がれるから自分の体が何ともないとも限らないしね。」

「この思考実験は『義務があると言えるのでしょうか?』と聞いているから、義務は多分ないけれど、助けられる命を助けないという選択ができるかどうかは人それぞれっていうところかしら。私は多分繋がったままだろうなぁ。」

読者のみなさんも一緒に考えてみましょう！

4人の生徒は、先生の助けを借りながら、論理的に考えを進め、バイオリニストを助けるのは義務とまでは言えない、という結論を導き出したようです。

読者のみなさんは4人の会話をどう感じましたか？　次のことをポイントに、4人に加わったつもりで考えてみてください。

❶バイオリニストを助ける義務はあるだろうか。

❷助ける、助けない、それぞれの立場から意見を考えてみよう。

まとめ

「バイオリニストを助ける義務」は、ジュディス・ジャービス・トムソンが提唱した思考実験です。トムソン自身はチューブを抜いてもいいとしました。義務として責任を果たさなければならないわけではなく、繋がれたままでいるとすれば、それは親切な心で繋がれているとと考えたのです。

実際にこの状態に置かれたとしたら、自分と繋がっていることでようやく命をつなぎとめている人に対し、一方的にチューブを引き抜くことに強い抵抗があるでしょう。

ただ、思考実験の中に登場する「あなた」は無理やり連れてこられ、「あなた」の体を何の了解もなしに使うことで、バイオリニストの延命をしています。これによってあなたの体に悪い影響が出るかもしれないのに、それらを無視したこの行為はあまりに身勝手です。これは許される行為ではありません。

以上のことから、バイオリニストを救う義務はないとするほうが自然であると考えられます。

バイオリニストを助けるのは義務？

↓

~~義務~~

バイオリニストを助けるのは親切心

助けると答える人は、親切心や、
引き抜くことに対する罪悪感など、
義務以外の理由で助けると言える

思考実験⑪
頭で知っていることと見て知ることは違う？
『マリーのゴーグル』

「次の思考実験は、いつも目にしている色に関する思考実験だ。当たり前のように毎日見ている色はいったい何なのか、考えることになるだろうね。」

マリーは生まれてすぐに、医師から目に異常があると告げられました。色を見ると刺激が強すぎて危険であると判断され、両親はマリーに、世界が白黒に見えるゴーグルを付けました。マリーはそれからずっとゴーグルを付けたまま育ちました。赤いリンゴもマリーには濃い灰色に見えます。青い空も灰色です。

マリーは、みんなが見ている色ってどんなものだろう、と人一倍の興味を持ち、色

についての知識を集め始めました。

そのおかげで、マリーは『色』に関するあらゆることを勉強しました。ですから、バナナの色が「黄色」であるという知識もありますし、空の色を聞かれれば「青」と答えることができます。真っ赤なイチゴを見たときに人がおいしそうと感じ、赤という色は情熱的な色であるということもわかっていますし、空の青が清々しい色だということも理解しています。赤と青を混ぜれば紫ということも知っていますし、私たち以上に色について詳しく、なんでも知っています。

ただ、本当の色を見たことがないだけで、それ以外の色に関するあらゆる知識を持っているのです。

ある日、マリーは医師から「もうゴーグルを外しても大丈夫。すっかり良くなりましたよ。」と告げられました。ついに、ゴーグルを外して外に出ることができるのです。マリーは外に出て、心を躍らせながらゴーグルを外すと、色鮮やかな外の世界が目に飛び込んできました。

マリーは思いました。

（なんてきれいなんだろう。これが『色』なのね……！）

さて、色についてあらゆることを知っているマリーは、実際に色を見ることで新たに何かを知ったと言えるのでしょうか。

マリー

色に関する物理的なあらゆる
知識を得ている

↓

ゴーグルを外して
初めて色を見た

**マリーは何かを知ったと
言えるだろうか**

この思考実験のテーマ

「マリーが初めてゴーグルを外したとき、マリーはあらためて何かを知ったのだろうか？ それとも何も知ることはなかったのだろうか？ マリーが初めてゴーグルを外して青い空を見たときのマリーの心を想像してみよう。」

論理的に考えていくと……

「初めて空を見たら、これが空の色なんだ！ って思いそうよね。」

「空の色がどんな色で、それを見たら人がどう感じるか知っているんだよね。知っていることを確認しただけなのかな。イチゴを見たら、おいしそうな赤と感じることも知っている。」

「でも、初めてイチゴの色である赤を見たわけだから、これが赤なのね、って感じたんじゃ

ない？」

「でも、赤がどういう色かはすでに知っていたから、イチゴを見たときは、やっぱりすでに知っている色を見たんだよなぁ？」

「どんな色かを知っていても、実際に見たのは初めてだから、そこで何か新たに感じるものがあったんじゃない？」

「たとえば、白黒写真を見ながら、ここは赤で、ここは青で、ここは緑でって細かい色合いも説明してもらったとして、いざ、その写真のカラー版を見たとしたら？」

「どんなに説明してもらっても、実際見るとああ、こういう色かって思うよね。これって何かを知ったことになるのかしら？」

４人は少しの間それぞれに考えを進めました。

「うん。どんなに知識があったとしても、マリーは何かを知ったと思う。だって、見たことないものを見たんだから。」

「何を知ったのかな？」

「これが赤なのねってことよね。さっきの白黒写真の話だと、実際にカラーになった写真を見て、ああ、こういう色か、っていうことを知ったのよね。」

「そういう色っていうことはちゃんと知っているんだよね？　実際にカラーを見て初めて、マリーがこういう色って知ったと言えるのかな？」

レイナは困った様子で何とか答えようとします。

「えっと、だから、実際に見たことで、知識として知っていた色は、こういうものなんだ、こういう感じなんだっていうことを知ったということなんじゃない？……うーん、答えに

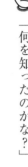

なっていないような気がするわ。」

「これ、とても説明が難しいね。」

そういうと、シュンは何かを考えるそぶりを見せ、ポンと手をたたきました。

「たとえばさ、僕たち4人がおいしい唐揚げを食べて、みんなでおいしい！って同じ反応を示したとしよう。」

「唐揚げ？　まあ、唐揚げはおいしいわね。」

「同じ〝おいしい！〟でも、僕はジューシーな肉に反応していて、マユはパリッとした衣をとくにおいしいと感じているかもしれない。ユウマは皮のおいしさに驚いたかもしれないし、レイナは全体のバランスの良さを感じたのかもしれない。同じものに対して同じ反応をしていたとしても、心には別のものを描いているんだよね。」

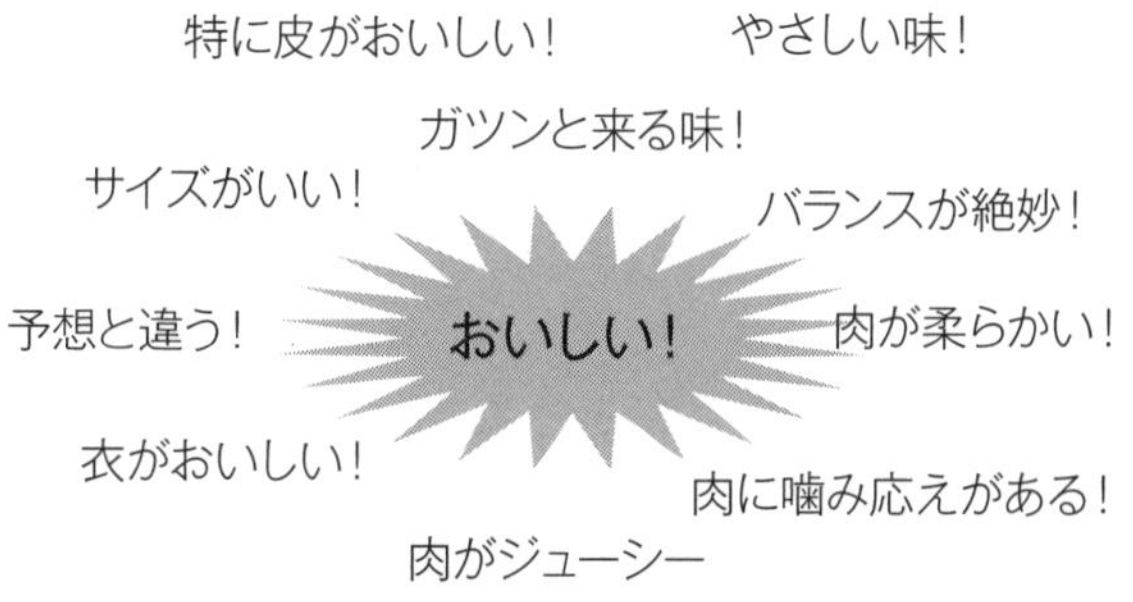
特に皮がおいしい！
やさしい味！
ガツンと来る味！
サイズがいい！
バランスが絶妙！
予想と違う！
おいしい！
肉が柔らかい！
衣がおいしい！
肉に噛み応えがある！
肉がジューシー

同じものを食べて同じ「おいしい！」と反応しても思っていることは違う

「それが、どうした？」

「マリーが色を見てどう感じたかなんて、マリーにしかわからないよねっていう話？」

「うん。だから、説明が難しいんだよね。」

「同じ色を見ても、Aさんはいい色！　と感じて、Bさんはそう感じないかもしれないものね。」

「マリーは、すべての知識がある。だから、人がだいたいこう感じる色だって知っていても、〝自分〟がどう感じるかは知らなかった。」

「そういうことか。つまり、『私ってこう感じるんだ！』は、実際に自分で色を見て初めて知ったわけなんだ。」

読者のみなさんも一緒に考えてみましょう！

４人の生徒は、「感じる」という、目には見えないものをいかに論理的に考えるかというお題に挑戦しました。その結果、同じものを見ても、どう感じるかは人それぞれだと気がついたようです。

読者のみなさんは、マリーが見たカラフルな世界をどう考えますか？　次のことをポイントに、４人に加わったつもりで考えてみてください。

❶マリーが初めてゴーグルを外してイチゴを見たとき、マリーはどう感じたか考えてみよう。

❷マリーはゴーグルを外して何を知ったのだろうか。

まとめ

マリーは色についてのあらゆる知識を持っており、なんでも知っています。物理的に考えて、マリーが知らない知識など1つもないでしょう。

しかし、マリーは色を見て何かを感じたのは確かです。明らかに、色を見る以前と見た後を比べれば、マリーは色について新たな感情を抱いています。これは何かを知ったといえそうです。

私たちは、このハコには赤い布が入っていると聞けば、それぞれに赤を思い浮かべます。ハコを開ければ、思い浮かべた赤より濃いとか、リンゴっぽいとか、明るい赤だとか、人それぞれに感じるでしょう。

ハコの中には赤い布が入っている

たとえば、スープを口にして〝熱い！〟と感じたり、公園を散歩して〝清々しい〟と感じたり、大自然を見て〝壮大で美しい〟と感動したりします。これらの〝感じ〟は主観的な感覚です。こういった個人的な〝感じ〟のことをクオリアといいます。

マリーは色を見たことで、それぞれの色に対してこういう感じなんだ、ということを知りました。物理的にあらゆる知識を持っていても、実際に見て感情を揺さぶられたのはクオリアを学んだからと言えそうです。

思考実験⑫

大勢の人を救えるなら1人を犠牲にしてもいい？『臓器くじ』

「こんなくじがあったとしたら、どう考えるかな？　このくじは本当に素晴らしいくじなのだろうか？」

ある国で、『臓器くじ法』が施行されることになりました。

このままでは命が失われる重篤な病により、臓器の提供を待つ5人に対し、健康な1人が犠牲になって臓器を提供します。こうすることで、1人の犠牲で5人の命が救われることになるのです。

犠牲となる1人は、もっとも公平とされるくじ引きで決定されます。このくじ引きはコンピューターで行なわれます。一切の不公平がないように、すべての人が対象となります。

臓器の提供は、決定した本人にはわからないように実行されます。肉体的にも精神的にも本人に苦痛を与えることはありません。手術はコンピューターで行なわれ、医療事故も一切ありません。臓器を提供された人は確実に命をつなぎとめることができます。

これは、1人でも多くの人が幸せになるという目的に完全に合致している素晴らしいシステムであることは、疑う余地がないと考えられています。

この臓器くじ法は、本当に素晴らしい法律なのでしょうか？

この思考実験のテーマ

「臓器くじ法のお話を読んだだけで、いやこれは違うという感情が起こる人が多いのではないかな。それはなぜなんだろう？　論理的に考えてみよう。」

論理的に考えていくと……

「怖いわよね。このお話の『臓器くじ法』は。」

「5人の命が救われるかもしれないけれど、そのために1人を犠牲にするのは引っかかるな。でも、なんでこんなに嫌な気分になるんだろう？」

「いつ自分や、大切な人の番がやってくるかわからないのは不安よ。何も悪いことしていないのに、突然連れて行かれて、何もわからないまま臓器の提供者にされるのよね？　こん

な、みんなが嫌な気持ちになる法律は問題あると思うわ。」

「でもさ、1人が亡くなるか、5人が亡くなるかを比べるならどっちだろう?って考えたら、当然1人を選ぶべきなんだよね。でもこんなに引っかかるのは何か理由があるんだよね。」

「つまりこういうことじゃないかな。」

ユウマは1人と5人の明らかな違いを1つ発見しました。

「臓器提供を待つ5人のほうはさ、放っておくと死んじゃうだろ。でもそれって、誰かが悪いことをしたわけじゃない。きっとみんなできること全部やって、それでもだめだったからなんだ。でも、くじで選ばれた1人は、選ばれなければその先ずっと生きたかもしれないのに、そこで死んでしまう。これって殺されるともいえるよな。」

「本当だ。『助けるか助けないか』と『殺すか殺さないか』は大きな違いだよ。困っている

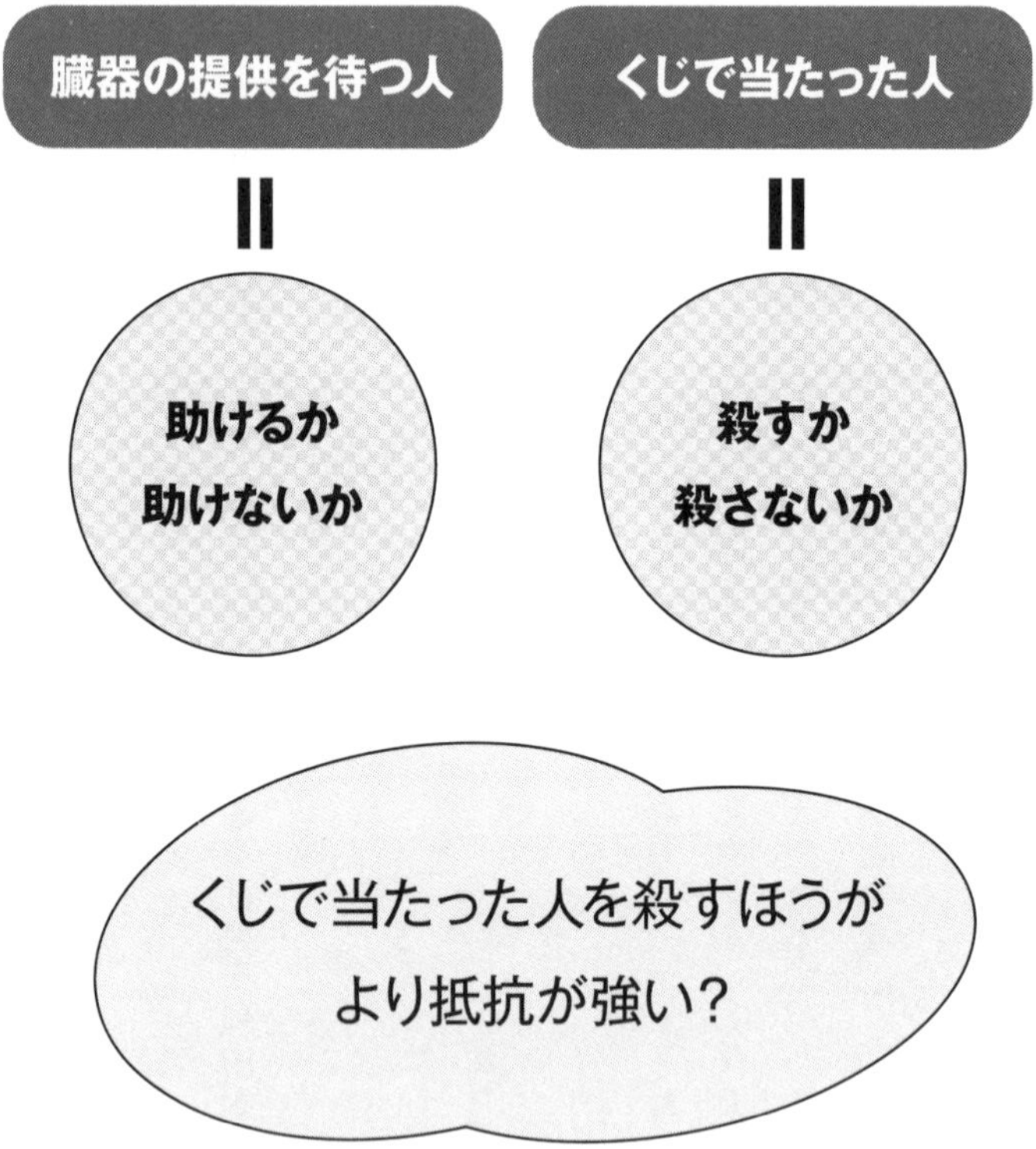
臓器の提供を待つ人
くじで当たった人
＝
＝
助けるか
助けないか
殺すか
殺さないか
くじで当たった人を殺すほうが
より抵抗が強い?

人を助けなかったら、ちょっと冷たいなと思うだけだけど、人を困らせたならそれは悪いことだ。ましてや殺してしまうなんて決してやってはいけない。」

「そうね。いくら助けられるからといって、その代わりに誰かが犠牲になるのなら、それはやってはいけないことだわ。ここが臓器くじ法に感じた嫌悪感の正体なのね。」

「もし、この国のように臓器くじが行なわれてしまったら、日々の暮らしにどんな違いがあるかしら。」

レイナの問いかけに、考える間もなくみんなが意見を口にします。

「それはもう、いつ、自分や大切な人にくじが当たるかわからない日々になるから、不安が大きくなるよ。」

「国家による殺人だ！　なんていうデモが起きるんじゃない？」

「臓器提供を待つ人も、こんな法律よりも、治すほうに力を注いでほしいと感じるんじゃないかな。」

「くじの不正も起こりそうだよね。」

「国民の不安といら立ち、不信感が増える、で間違いなさそうね。」

読者のみなさんも一緒に考えてみましょう！

先生は「臓器くじ法」という難しい法律を思考実験のテーマにしました。4人の生徒たちは、この難題を論理的に考え、助かる5人と犠牲になる1人の差を明確にすることに成功したようです。

読者のみなさんは、臓器くじ法について何を思いましたか？　次のことをポイントに、4人に加わったつもりで考えてみてください。

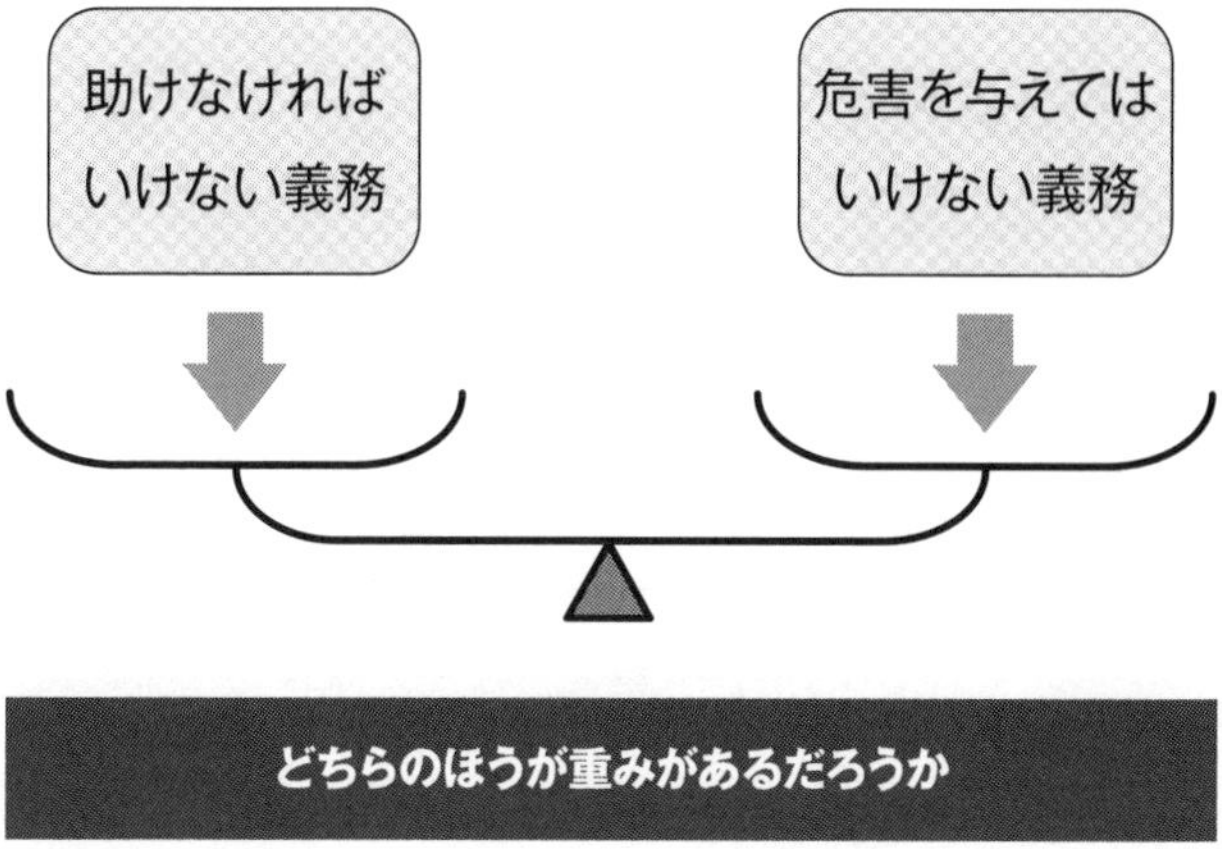

1 臓器くじ法について論理的に考えてみよう。

2 この法律を定めたことに対して国が明らかに間違っていると考えられるのは何だろうか。

まとめ

この思考実験を考えるとき重要となるのが、危害を与えてはいけない義務と、助けなければいけない義務、どちらのほうが重いのだろうか、という問題です。

たとえば、テストの日に消しゴムを忘れた生徒がいて、その人に消しゴムを貸してあげ

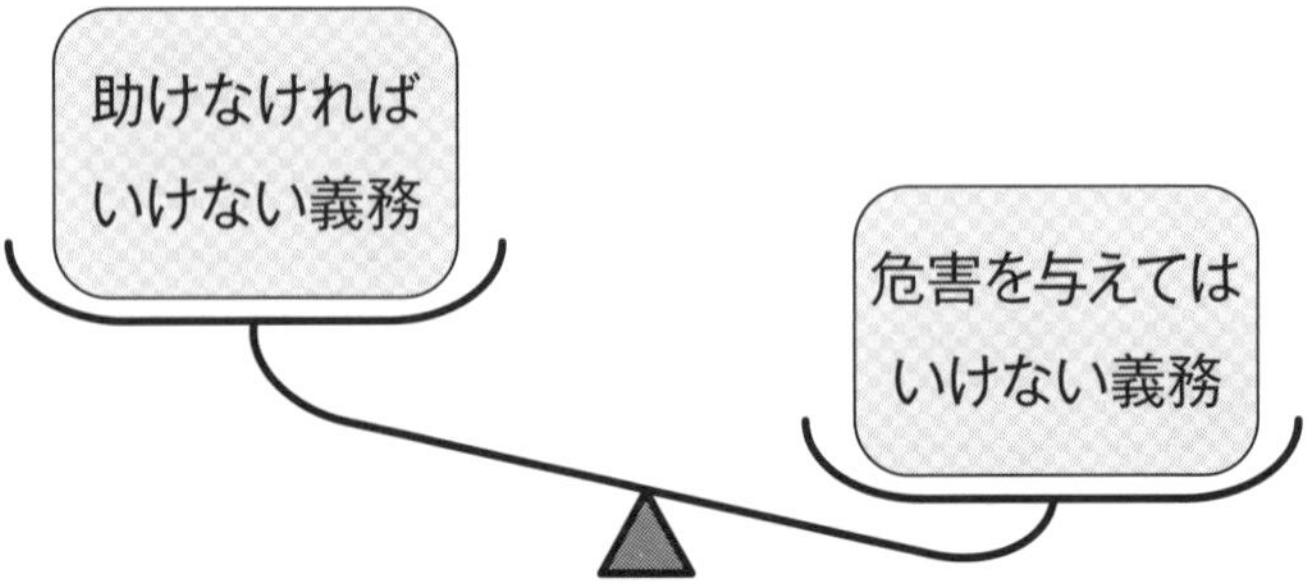

危害を与えてはいけない義務のほうが重い義務である

る義務があるかを考えてみてください。予備の消しゴムがあれば貸してあげたいと思うけれど、必ず貸してあげなければならないという義務はないでしょう。消しゴムを貸す行為は親切心から行なう行為なのです。

一方、自分のノートを忘れたからといって他の生徒のノートを盗んでいいかと聞かれればもちろん絶対にしてはいけないと答えるでしょう。他人の物を盗んだら、当然罰せられます。

このように、他人を助ける義務よりも、他人に危害を与えてはいけないという義務のほうが重いのです。

この、他人を助ける義務を積極的義務、危害を与えてはいけない義務を消極的義務と言います。同じ義務でも後者のほうが重い義務です。思考実験⑩の「バイオリニストと特効薬」で、必ず助ける義務はないと考えるほうが自然だと思える人が多いのも、このためです。

思考実験⑬
本物はどれ？『テセウスの船』

「有名な思考実験、テセウスの船を考えよう。この話は『同じ』ということを深く考える思考実験なんだ」

伝説のテセウスの船がやってきた……！

アテナイの町に、人々を救った英雄テセウスを乗せた船が帰還したとき、港町の人々はそれを一目見ようと集まりました。それ以来、この船は「テセウスの船」と呼ばれ、

大切に保管されてきました。

時は流れ、時代が移り変わるにつれ、テセウスの船は老朽化が進み、テセウスの船を守りたいと考えた人々は修理をすることにしました。

古くなった木材を取り外し、新しい木材に換えます。こうすることで、テセウスの船は常にその形を保ちながら、人々に愛されてきました。その後も少しずつ修理がなされながら長い年月が過ぎました。

ある日、修理職人が修理を行なったところ、現場にいたテセウスの船の修理責任者が言いました。

「これですべての木材を交換したことになるなぁ。伝説のテセウスの船がこの港町にやってきたときに使われていた木材は1つも使われていない。」

それを聞いた修理職人はこう返します。

「っていうことは、交換して取り外した木材たちを集めれば、もう1つのテセウスの船ができるってことですか。」

「うむ、確かにそういうことになるな。やってみるか。」

修理職人たちは力を合わせて元の木材を組み立てなおし、船を作り上げました。

「できるもんですねぇ。」

見事に船の形になったもう1つのテセウスの船を見ながら修理職人たちは感慨にひたっていました。

「どうせならこの船も期間限定で展示しましょう。」

2つ並んだテセウスの船を見た人々は、テセウスの船が増えた！と大騒ぎです。その中で、1人の男性が疑問を口にしました。

「あの伝説のテセウスの船が2つ！　これはいかん。どちらが本物のテセウスの船なんだ!?」

それを聞いた観衆の1人が反応します。

「両方とも本物なんじゃないのか？」

最初に疑問を口にした男性は、納得できないという様子で言います。

「そんなはずはない！　伝説のテセウスの船は1つだ！　2つであるわけはない。」

そこにいた人々のほとんどは、どちらが本物のテセウスの船なのかという答えを知りたがっていました。

さて、本物のテセウスの船はどちらなのでしょうか？

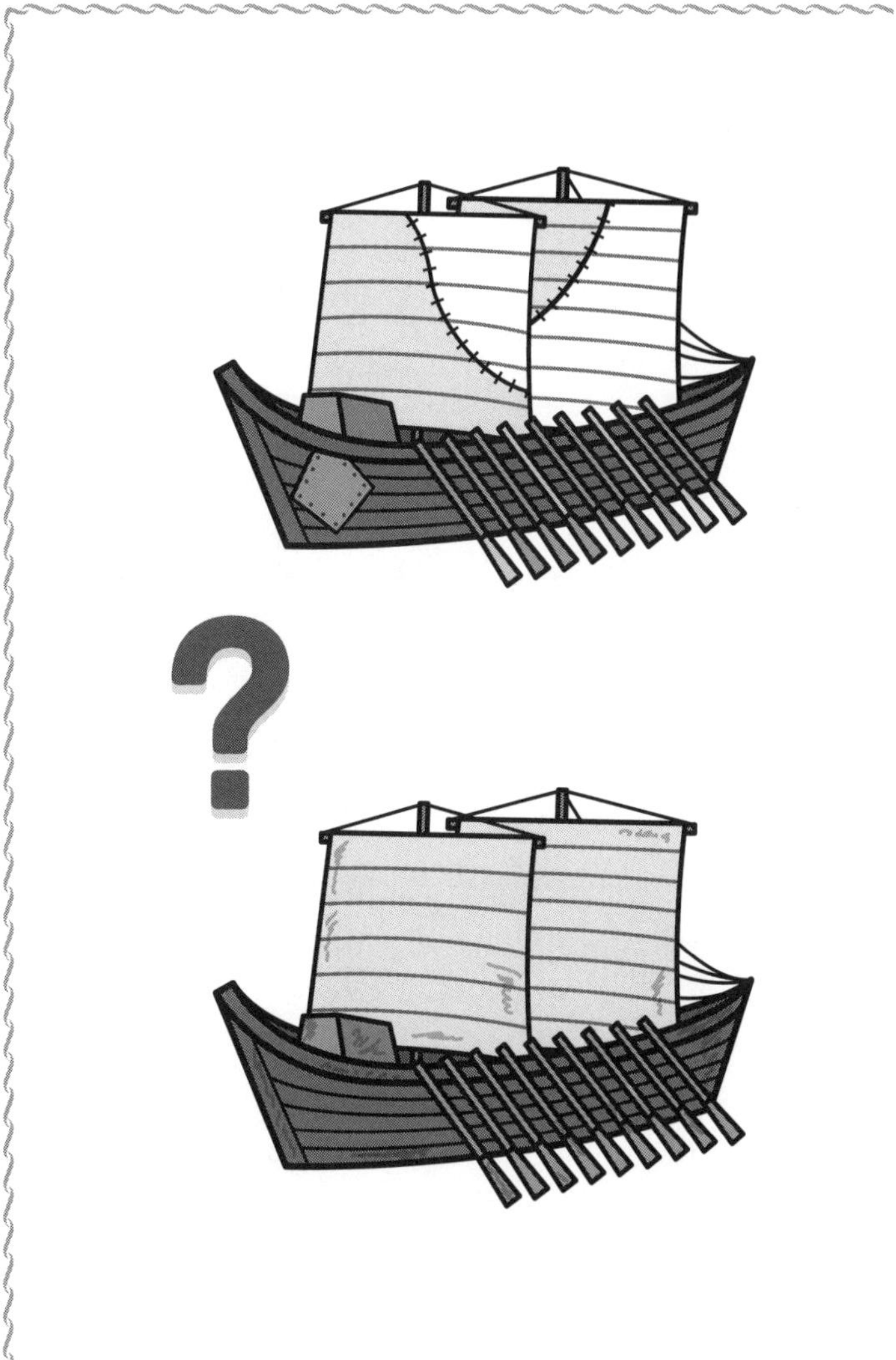

この思考実験のテーマ

「1つしかないはずの英雄テセウスが乗っていた船が突然2つになってしまったら、困ったことになりそうだね。2つのテセウスの船はどっちが本物なんだろう？　修理されてきたほうのテセウスの船を『修理テセウスの船』、古い木材で復元されたテセウスの船を『復元テセウスの船』として話し合ってみよう。」

論理的に考えていくと……

4人は黒板やホワイトボードを使って状況を整理しながら考えます。

「本物のテセウスの船の木材を使っているのは復元テセウスの船だよな。だから、復元テセウスの船が本物って言いたくなる。」

「いやいや、復元テセウスの船はボロッボロだろ？　伝説のテセウスの船に失礼だよ。修理したテセウスの船のほうがカッコイイと思う。だから本物は修理したほうじゃないかな。」

「うん。修理テセウスの船なら、実際に乗ることもできそうだわ。復元テセウスの船は絶対沈むわよね。」

「うーん、でも……。もし、当時、伝説のテセウスの船に乗っていた人が見たとしたら、やっぱり復元テセウスの船を自分たちの船だというんじゃないかなぁ？　自分たちが確かに触れた木を使っているんだもの。」

「ではまず、修理されたテセウスの船を本物と仮定してみようか。」

「カッコイイほうね。」

「実際に乗ることができるっていうことは大きいと思うわ。」

「つまり、伝説のテセウスの船と同じ船としての機能を持っているっていうことだね。確かに修理テセウスの船は、伝説のテセウスの船と性能という面では同じだ。」

「見た目もそうだよ。当時のテセウスの船と並べたとき、復元テセウスの船よりよっぽど姿は近い、というかソックリのはずだからな。」

ユウマは気が付いたように話を続けました。

「それに、復元テセウスの船が組み立てられる3日前にも、修理テセウスの船はそこにあったんだ。復元テセウスの船が本物だとしたら、3日前にそこにあったのは偽物ってことになってしまうよ。」

「そうね。人々は偽物をずっと大事にしてきたの？　ってなってしまうわ。」

「だいたい、復元テセウスの船が本物だとしたら、修理テセウスの船はいったいいつから偽

修理テセウスの船が本物

実際に浮かぶことができるほうが本物

伝説のテセウスの船の堂々とした姿だから本物

復元テセウスの船が本物

テセウスの船の木材を使っているから本物

当時の人がいたらきっとこちらが本物と言う

↓

どちらが本物なのか？

物に変身したんだ?ってなるじゃないか。もともとの木材が、ちょっとでもあったとしたら本物で、全部新しい木材なら偽物になるっていうのもおかしいだろ? 修理テセウスの船は最初から最後まで、ずっと本物さ。」

「次に、復元されたテセウスの船を本物と仮定してみよう。」

「もし、テセウスの船を学術的に学ぶためにやってきた学者がいたとしたら、絶対復元テセウスの船を見るよ。つまり、復元テセウスの船を本物としているんだ。」

「まあ、そうなるだろうな。その当時の傷だとかシミだとかは、復元テセウスの船にしかないわけだし、当時何があったのかを知ることができるヒントが隠されているとしたら復元テセウスの船だけだよな。」

「当時、存在していた木材は復元したテセウスの船にしかないものだわ。当時の木材こそが、確かに伝説のテセウスの船を構成していたのよ。」

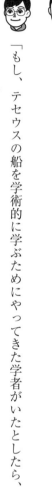

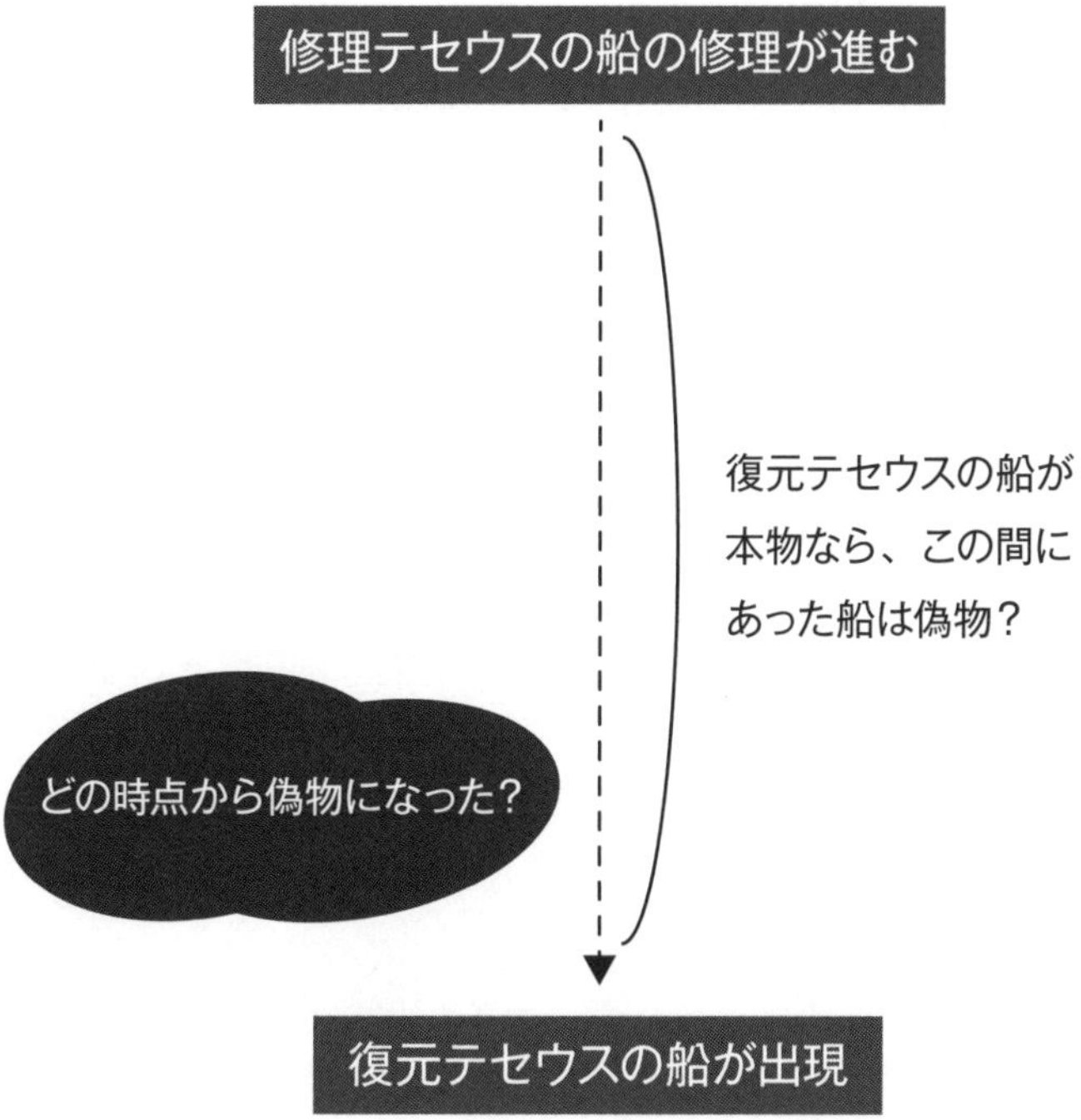
修理テセウスの船の修理が進む
復元テセウスの船が
本物なら、この間に
あった船は偽物？
どの時点から偽物になった？
復元テセウスの船が出現

「でもさ、ボロッボロで、姿はまったく違ってしまっているよ。『同じ』なのは当時の船に使われていた素材そのものだけで、姿は違うし性能も違う。」

どちらが本物のテセウスの船なのか、答えが出せないまま4人は話し合いました。

「これって答えはないのかな。どっちとも言えるよね。それぞれに、伝説のテセウスの船と『同じ』部分もあれば『違う』部分もあるよね。」

「うん。僕もそう思ってた。もしかしたら、何を基準とするかで同じって変化するのかもしれない。」

読者のみなさんも一緒に考えてみましょう！

4人の生徒は論理的な議論を重ねるうちに、先生が最初に言っていた『同じ』という言葉について考えを進めていくことができたようです。読者のみなさんはどう考えますか？

たとえば、お店に行って大根を買うとしたら、どの大根でも同じでしょうか。値段は「同じ」ですが、形は1つ1つ「違う」でしょう。身近なものを使って、何が「同じ」で何が「違う」のかを考えてみると、テセウスの船の問題に対する理解がさらに進むでしょう。

テセウスの船について、次のことをポイントに、4人に加わったつもりで考えてみてください。

1 どちらの船が「本物」なのだろうか？

2 修理されたテセウスの船を本物として深く考えてみよう。

3 古くなった木材で復元されたテセウスの船を本物として深く考えてみよう。

4 〝同じ〟って何だろうか？

まとめ

同じという言葉にはいろいろな意味や使われ方があります。

たとえば、先生が配った漢字テストの内容が、先週のものとまったく同じだったときに、生徒が「先生！　このテストは先週のやつと同じテストですよ！」と言ったとしましょう。この「同じ」は、何が同じなのでしょうか？

この場合の「同じ」は、テストの問題のことでしょう。漢字テストに出題されている問題がすべて同じだったということです。

たとえば、このとき、別の生徒がこう言ったらどうでしょう。

「同じじゃないよ。先週のテストは家にあるもん。」

教室中から「そういう意味じゃない」というツッコミが入りそうですが、この場合の「同じじゃない」の前提になっている「同じ」は何を意味しているでしょうか。

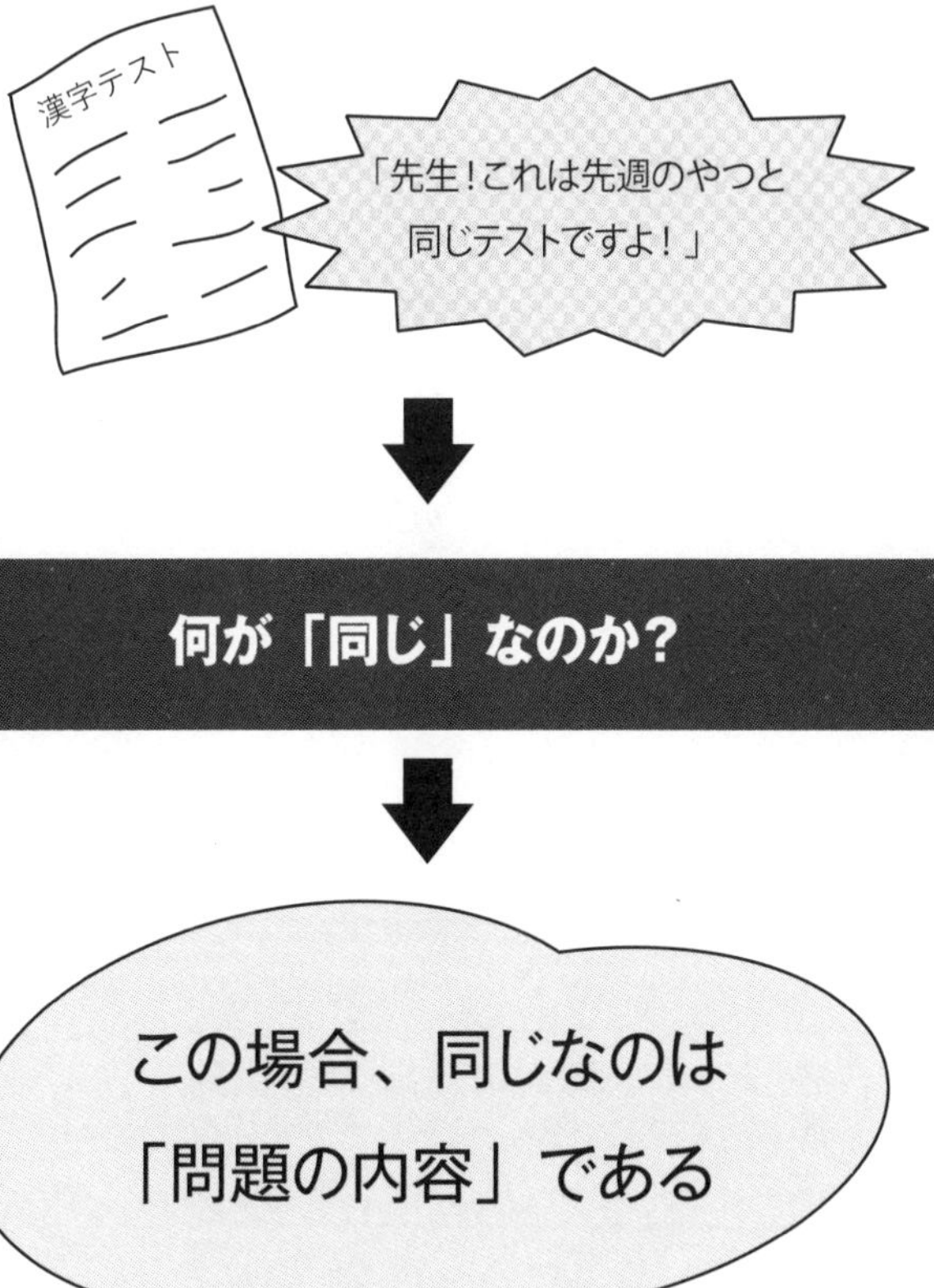
漢字テスト
「先生！これは先週のやつと
同じテストですよ！」
何が「同じ」なのか？
この場合、同じなのは
「問題の内容」である

この生徒が考えた「同じ」は先週解いたテスト用紙と同じかどうかということです。たとえば自分が70点だったとしたら、70点を取ったその紙そのものです。「同じ」テストはただその1枚だけということです。

クラスの中で「同じ」の意味についての話がヒートアップし、別の生徒が発言しました。「それを言うなら、同じテストなんて存在しないよ。先週の漢字テストは先週の水曜日の13時25分に始まったテストのことだから。」

問題の内容が同じテストでも、水曜日の13時25分に行なわれた漢字テストはその1回だけです。

他にも「同じ」は数多く存在します。テストにおける「同じ」をもっと考えてみましょう。

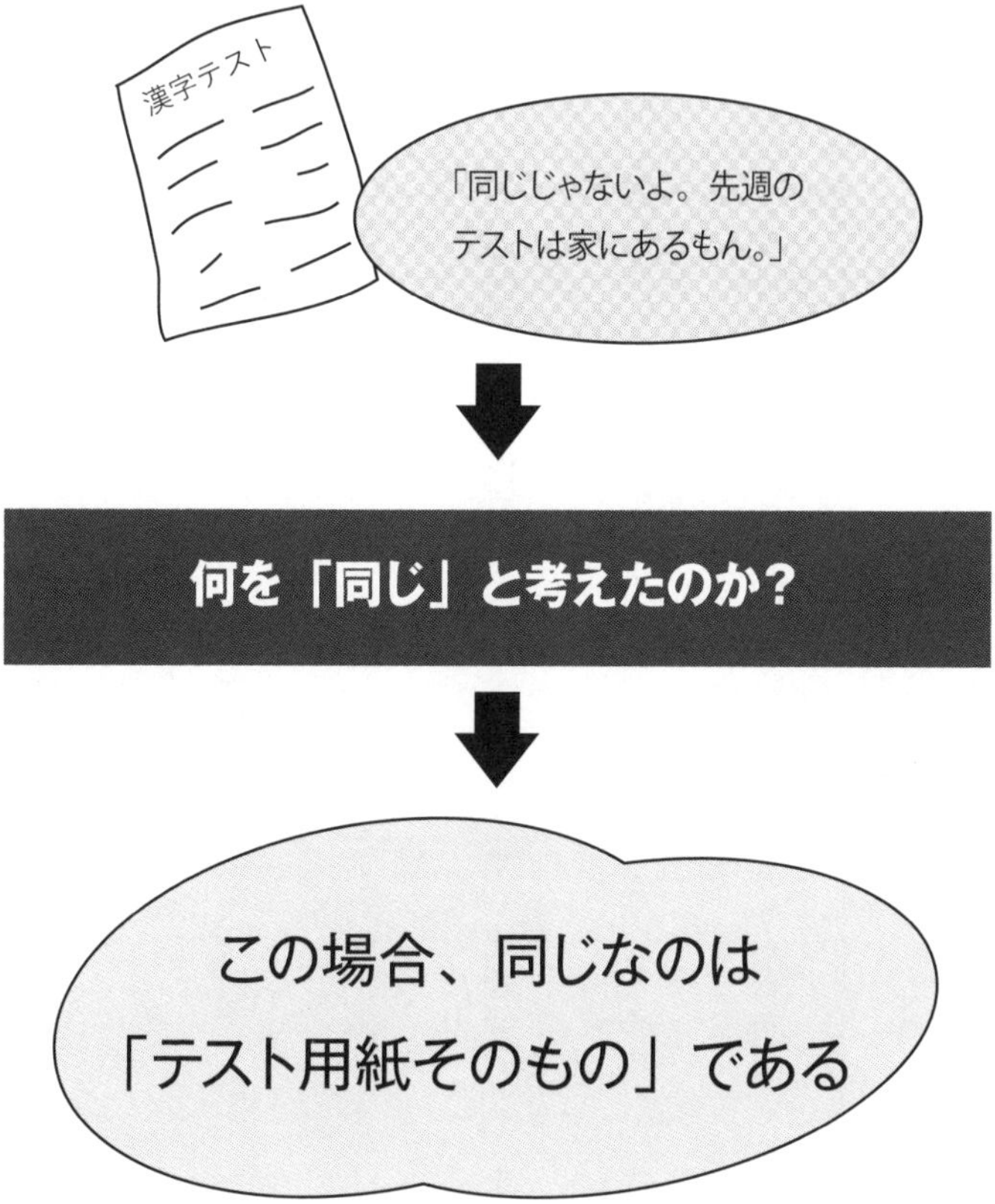
漢字テスト
「同じじゃないよ。先週のテストは家にあるもん。」
何を「同じ」と考えたのか？
この場合、同じなのは「テスト用紙そのもの」である

［毎週水曜日の午後という同じ曜日の午後に行なわれる漢字テスト＝同じ漢字テスト］

この場合、同じパターンのテストという意味になります。

［同じレベルの漢字テスト］

この場合、出題範囲が同じ漢字テストという意味合いになりそうです。

［同じ時期に行なわれるテスト］

毎年この時期に行なわれる、つまり、同じ時期のイベントというような意味になります。

［同じ先生が作ったテスト］

テスト内容はまったく違っても、作成した先生が同じです。出題傾向などを考えるときに意識しそうですね。

このように、何を同じというかで、同じのもつ意味合いは変化します。

テセウスの船をめぐる同じについても、何について同じというかを明確にしないまま、2つの船のどちらが本物なのか、同じなのかを考えたことで混乱が生じました。

テセウスの船について同じと考えられることを挙げてみます。

「先週の漢字テストは先週の
水曜日の13時25分に
始まったテストのことだから。」

↓

何を「同じ」と考えたのか？

↓

この場合の「同じ」は
同じ時間に行なわれたということ

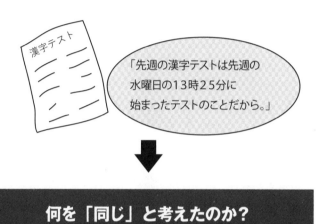

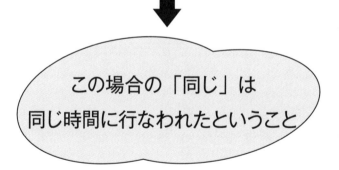

・同じ木材を使っている。
・同じ姿をしている。
・同じ人が乗っている。
・同じ人が設計した船である。
・同じ機能を備えている。
・同じ時代の船である。

まだまだ考えられそうです。それだけ「同じ」はいろいろな角度から考えられるのです。ただ「同じ」といっても、どの角度からなのかが示されていなければ混乱するのは当然でしょう。

思考実験⑭
同じだけど違う？ 違うけど同じ？
『スワンプマン』

「スワンプマンとは沼男のことで、沼で起こった不思議な出来事を考える思考実験だよ。ちょっと難しい問題だけれど、やってみよう。これは、元のスワンプマンの問題を少しアレンジして考えやすくしたものだよ。」

ある朝、男はいつも通りの時間に朝ご飯を食べました。スクランブルエッグにベーコンとパン、飲み物はコーヒーです。あとはポテトサラダも少し口に入れ、朝食を終えると出かける支度を始めました。この男の名はクリフ。今日は隣の町まで歩いて行って、特別なハムを手に入れる予定です。

クリフは早速家を出ました。隣町までは山道を歩いて行くことにしました。この季節の山道は、食料がよく手に入るため、多少遠回りでもこのほうがいいと考えたためです。

山道の途中、クリフは沼の近くを歩いていました。そこに落雷があり、クリフを直撃しました。クリフは不運にもその場で死んでしまいます。

しかし、その直後、再び雷が沼に落ちます。その落雷により信じられないことが起きます。先ほど死んでしまったクリフの体が化学反応を起こし、クリフとそっくりの物体を作り出したのです。体を作る細胞はもちろん、記憶も雷に打たれる前のクリフのものとまったく同じです。これを「沼クリフ」と呼ぶことにします。

沼クリフは、もちろん自分が雷に打たれたなんていうことも知らずに隣町に急ぎます。特別なハムを手に入れるためです。

ハムを購入して帰宅した沼クリフは、今朝食べたスクランブルエッグはおいしかったなぁと家族と会話しながら、購入したハムをナイフで切り分けました。自分が沼ク

リフだとは思いもせずに。
そして夜、沼クリフはクリフが読んでいた本の続きを楽しみ、翌日の朝には、クリフが務めていた会社に出勤していきました。
さて、不運にも雷に打たれて死んでしまったクリフと、沼クリフは同じ人物だと言えるのでしょうか？

この思考実験のテーマ

「クリフと沼クリフは、どこまで同一人物であると言えるだろうか？　もし、少しでも違いがあるとするなら、どんな違いがあるだろうか。」

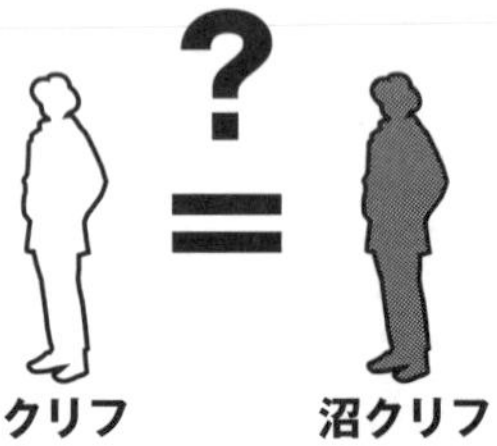

クリフと沼クリフは同一人物なのか？

論理的に考えていくと……

「家族も気がついていないってことは、外見も、中身もすべてクリフってことよね。記憶も全部同じってことは、同じでいいのかな。細胞もすべてクリフと同じなのだから、同一人物だと思うわ。」

「沼クリフは特別なハムを買うという目的を忘れていないし、朝食べたスクランブルエッグの味も覚えている。クリフが復活したと考えちゃダメなのかな。」

「確かに！　クリフが生き返ったと考えても不都合はなさそう。」

「復活したのかはわからないけれど、本人すら気がついていないんだから、クリフと沼クリフが違うと考えるのは無理があるかな。だって、細胞の1つひとつまで全部同じなんだもの。」

「体も記憶も同じなんだから同じよね？　違いなんてないんじゃないかな。」

「あえて言うなら、クリフは雷に打たれたことを知っている、沼クリフは知らない、ということくらいかしら。」

「沼クリフはこれからの人生、今までとまったく変わらずクリフとして生きていくと思う。そして、それに疑問を持つ人も一人も現われない。本人すら何の疑問もないのだから、たぶん同じと考えていいわよね。」

「もし、本人や家族が真実を知ったとしても、家族はやはりクリフ本人として接するし、本人もそうだと思うわ。それはやっぱり同じだからじゃないかしら。」

　4人の考えが、クリフと沼クリフは同じという結論でよさそうだ、という方向でまとまってきました。しかし、その時、突然ユウマが何かをひらめいたようで、難しい顔をし始めました。

「ユウマ、どうしたの? 何か違うことでもひらめいたの?」

「もし、なんだけどさ、数カ月後にクリフが『ただいま』って帰ってきたらどうする? 雷

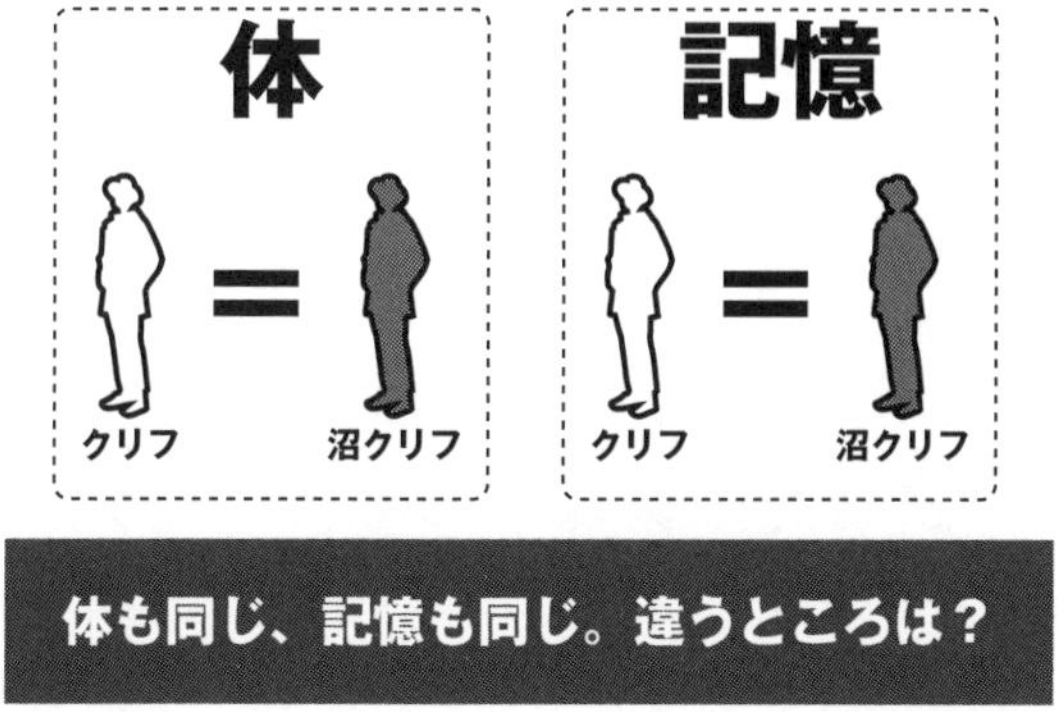

のせいで記憶を失って倒れていたけれど、通りがかった人に助けられて、ようやく記憶を取り戻して帰ってきたんだ。しかも特別なハムを手に持ってさ」

「えっ、生きていたとしたら？」

「クリフが2人になっちゃう。」

「あれ、なんでだろう、さっきまで同じと考えてよさそうだと思っていた沼クリフが一気に偽物になってしまった気がする。」

「うんうん。2人のうちどちらかを選ぶなら、沼クリフじゃなくてクリフって思ってしまうわ。」

「そうか、沼クリフのことを偽物だと考える人がいるとしたら、それはクリフなんだ。クリフにしてみれば、沼クリフは突然この世界に現われた、自分以外の存在なんだもの。雷で

死んでしまってクリフが幽霊になったと考えたらさ、あれ、なんであそこに自分そっくりの知らない他人が生きているんだ、俺はここだぞ、あれは俺じゃないってなりそうだよね。」

半年後に生還
クリフ
沼クリフ
クリフが帰ってきたとしたらどちらが本物？

「ということは、やはりまったく同じではないということになるわね。クリフと沼クリフは別の人間になる。」

「でもさ、2人をどっちかわからないようにして、いろんな質問をしても、見分けがつかないんだよ？　本人もそれぞれ自分が本物のクリフだと思っているわけだし。沼で落雷にあったとか、クリフが帰ってくるまでの出来事くらいしか差がないんだから。それ以外で見分けがつかないのに、どっちかが偽物ってあるのかな。」

「うーん、でも、2人とも本物っていうのもおかしいよね。」

「うん。そうだな……。これは簡単にはわからないよ。」

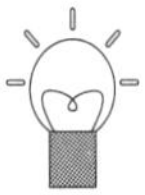

読者のみなさんも一緒に考えてみましょう！

4人の生徒がスワンプマンについて論理的に考えていくうちに、同じという考えに潜んでいるパラドックスに気がつき、悩みながらも考えを深めていくことができたようです。

読者のみなさんは４人のやりとりから、こういう考え方もある、と思い浮かんだことはありますか。次のことをポイントに、４人に加わったつもりで考えてみてください。

❶クリフと沼クリフが同一人物として、具体的には何と何が同じなのだろうか。

❷同一人物ではないとすると、どこが違うのだろうか。

まとめ

スワンプマンは、アメリカの哲学者、ドナルド・デイヴィッドソンが１９８７年に考案した思考実験です。

沼クリフは心も体も、すべてクリフとしてそこに存在しています。物理的に考えれば細胞もすべて同じなので同一人物と言えるでしょう。

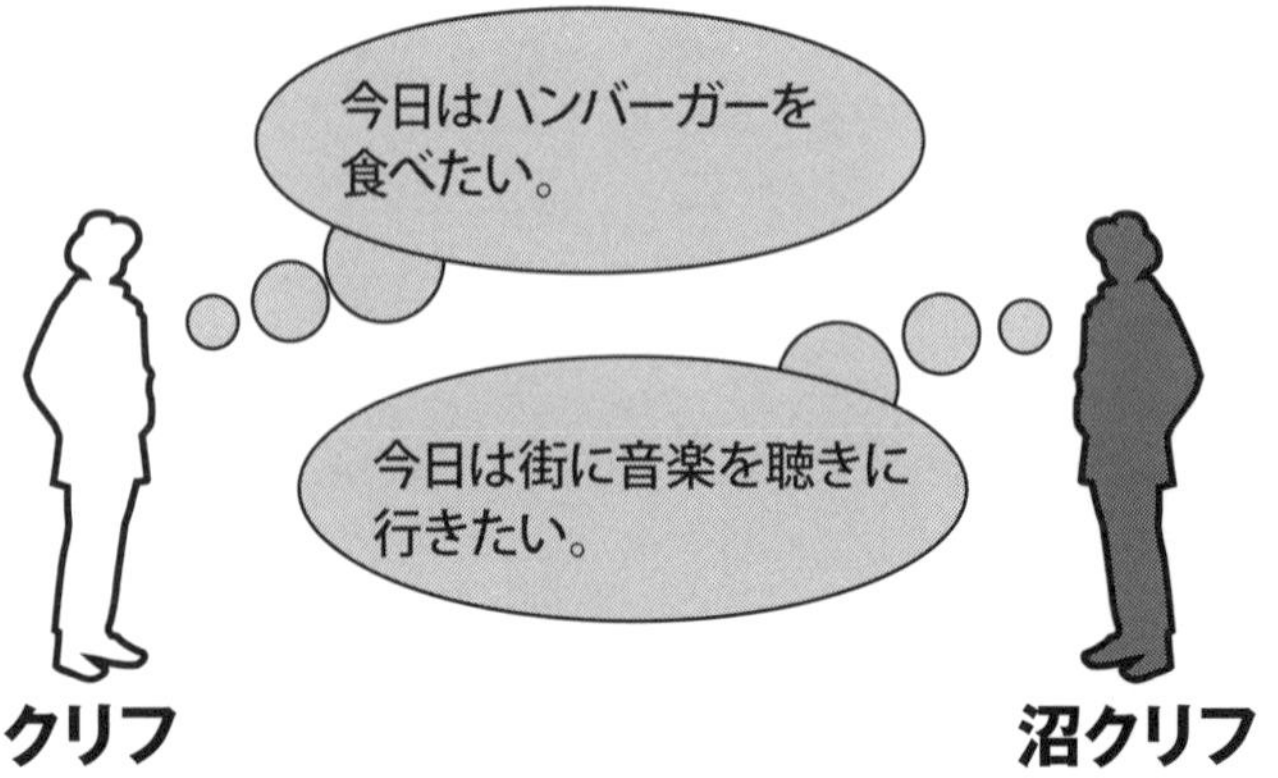

2人は別々の意識を持っている

それでも違いは本当にないのでしょうか。

じつは、クリフと沼クリフはそれぞれ別々の意識を持っています。

たとえばクリフが生きていたとして、クリフと沼クリフにあなたたちは同一人物ですか？　と聞けば、それぞれ自分は自分である、相手とは違うと答えるでしょう。クリフにとっても沼クリフにとっても、自分以外に自分は存在しないからです。

もう1つ大きな違いがあるとすれば、沼クリフは、落雷によって生まれる以前には存在していなかったという事実です。

クリフが雷に打たれる以前、
沼クリフは存在していなかった

クリフは1週間前、確かに存在しており、クリフとして生活をしていました。しかし沼クリフは、1週間前にはまだ誕生していませんでした。つまり、沼クリフは、クリフの誕生時から同じく存在していたという継続性がないことになります。このことから、考案者のドナルド・デイヴィッドソン自身は同一人物ではないとしています。

論理的思考力がぐ〜んと伸びる こども「思考実験」

2018年3月9日　第1刷発行

著　者―――北村良子

発行人―――山崎 優

発行所―――コスモ21

〒171-0021　東京都豊島区西池袋2-39-6-8F
☎03(3988)3911
FAX03(3988)7062
URL http://www.cos21.com/

印刷・製本――中央精版印刷株式会社

定価はカバーに表示してあります。

ISBN978-4-87795-363-8 C0030